時間と場所に縛られず、
専門性を売って稼ぐ人になる

クールワーカーズ

北村貴明
Ascent Business Consulting 株式会社 代表取締役

合同フォレスト

はじめに

「月曜の朝の満員電車には、いつもウンザリ。上司や同僚との人間関係では、ギクシャクすることばかり。いつか自分のやりたいことを仕事にして、もっと自由に働きたい」

会社に勤めていて、こう感じたことのない人はほとんどいないでしょう。

でも、具体的にはどうすればいいのか分からず、現在の仕事に流されて、「いつか」と思っているうちに時間が過ぎてしまう……。

しかし、ＡＩの進歩やロボットの普及により、労働環境は急速に変わりつつあります。さらに政府が「働き方改革」を提唱し、日本人の働き方を根本的に変えようとしていることもあり、今後は働き方がより多様化してくるはずです。

そこで私は、本書で新しい働き方を提言したいと思います。

「**クールワーカーズ**（Cool Workers）」です。

時間と場所に縛られず、自分の専門性を売って稼ぐことのできる人――それが「クールワーカーズ」です。

「**自分のやりたい仕事を、自分が望む場所で行い、より多くの報酬を得る**」という、いわば私なりの「**働き方革命**」だと考えています。

具体的な働き方は本文で紹介していきますが、まずはいま現在、私が手掛けているビジネスを簡単に説明させていただきます。それにより、私が「クールワーカーズ」という働き方の提言に至った理由もご理解いただけると思うからです。

私が代表を務める会社では、大きく2つのビジネスを展開しています。

1つが、フリーランスのコンサルタントにコンサルティングの仕事を紹介する「コンサルポータル」というサイトの運営。もう1つが「Basis Point（ベーシスポイント）」というコワーキングスペース店舗の運営です。

私は大学卒業後、3つのコンサルティング会社で働き、35歳のときにコンサルタントとして独立しました。独立したときにそれまでお付き合いのあった方にあいさつ状を送ったところ、おかげさまで何人かから声を掛けていただきました。

その後、仕事の依頼も増えてきたので、社員を雇うのではなく、業務委託の形でフリーランスのコンサルタントに仕事をお願いすることにしました。

依頼が増えてくる中で、あるアイデアが浮かびました。

自社ではキャパシティーの関係から受けきれないコンサルティングの案件を、フリーランスのコンサルタントにお願いしてしまおうと考えたのです。自社で仕事を受けるのではなく、フリーランスのコンサルタントに仕事を仲介することを業務にするわけです。

ビジネスモデルとしては人材派遣の形になりますが、このビジネスを「コンサルポータル」という名称でサイトを立ち上げ、スタートさせました。現在、フリーランスのコンサルタントの登録会員が約２０００名に達し、会員数は順調に伸びています。


この業務に関して、ぜひ紹介したいことがあります。それは、わが社の提供するサービスを利用することで**年収が5倍になった人もいる**ことです。

サラリーマンとして会社に勤めてコンサルティング業務に携わり、月収40万円だった人が、フリーランスになってわが社が仕事を紹介した瞬間、月収が２００万円になったケースもあります。

日本でも、野球やサッカーなどプロスポーツの世界では、自分の能力次第で夢のような金額の報酬を得ることが可能になってきました。

会社を辞めてフリーランスで働こうと決めた人に、わが社が高価値の仕事を紹介することで、プロスポーツの世界にはまだまだ及ばないものの、サラリーマン時代には思いもよらなかった報酬を得られる可能性を提供できています。

その意味では、このビジネスモデルはなかなか時代の先を行っていると自負しています。

コンサルタントにかぎらず、フリーランスで働く人は多くいます。そこで、そんな人たちに何かサービスを提供できないかと考えて始めたのが、「コワーキングスペース」の運営です。

会社勤めからフリーランスに転身したときに、まず**直面するのが「仕事をする場所」の問題**です。もちろん自宅で仕事をすることもできますが、外にオフィスを借りるという選択肢もあります。ただし、そうなると家賃や机などの備品の準備でかなりの出費になります。

そんなときに便利なのがコワーキングスペースです。

少し前に「ノマド」が話題になり、カフェで仕事をすることが流行のようになりました。いまでもカフェにノートパソコンやタブレットを持ち込んで仕事をしている人は多くいます。

コワーキングスペースはそうしたカフェと比べて、もう少しオフィス寄りの、あくまでも仕事をするためのスペースになっています。

「コワーキング（Coworking）」という言葉は、まだあまり一般的になっていませんが、「Co」は「Corporation」の「Co」と同じで「一緒に」という意味です。つまり、コワーキングとは「一緒に働く」という意味で、コワーキングスペースとは「誰かと一緒に働く場所」になります。

ちなみにWikipediaでは「コワーキング」が、以下のように紹介されています。

> コワーキング（Coworking）とは、事務所スペース、会議室、打ち合わせスペースなどを共有しながら独立した仕事を行う共働ワークスタイルを指す。一般的なオフィス環境とは異なり、コワーキングを行う人々は同一の団体には雇われていないことが多

い。

通常、在宅勤務を行う専門職従事者や起業家、フリーランス、出張が多い職に就く者など、比較的孤立した環境で働くことになる人が興味を持つことが多い。

コワーキングは独立して働きつつも価値観を共有する参加者同士のグループ内で社交や懇親が図れる働き方であり、コスト削減や利便性といったメリットだけではなく、才能ある他の分野の人たちと刺激し合い、仕事上での相乗効果が期待できるという面も持つ。

簡単に言うと、「専門家や起業家同士が集まって仕事をすること」で、コワーキングスペースとは、そのコワーキングを行う場所のことです。

フリーランスで働く人に、便利で快適な仕事をする場所としてコワーキングスペース（もちろん、フリーランス以外でも使うことができます）を提供し、さらにそこでは仲間を見つけたり、仕事を紹介し合ったりするなど「**コミュニティーの場**」**になる**ことを、わが社の「Basis Point」は目指しています。

そこに行けば、仕事が見つかるだけでなく、仲間にも会える。自分の専門分野以外の人を探しているときは、いろいろな人とコンタクトを取ったり、一緒に仕事をしたり、チームを組むこともできる。そんな場所です。

こうしたコミュニティーの場を通じて、時間と場所に縛られず、自分の専門性を売って稼ぐことのできる人、「クールワーカーズ」が1人でも多く生まれ、多くの人がワクワクしながら働くことのできる日本社会になることを願って、本書を書き進めていきます。

2018年7月

Ascent Business Consulting 株式会社　代表取締役

北村貴明

目次

第3章 クールワーカーズが集う「コミュニティー」作り

第4章　「クールワーカーズ」の理想と現実

第5章 「自分を売れるフリーランス」になるために

第6章 「クールワーカーズ」の最前線

プロローグ
少子高齢化が日本人の働き方を変える

少子高齢化が招く「生産年齢人口の減少」

現在の日本社会を象徴するキーワードとして「少子高齢化」が常に話題になります。実は、同時にもう1つ、大きな問題も進行しています。

それは、**日本全体の人口が減っている**ことです。

２０１６年に、「平成27（２０１５）年国勢調査」の結果が発表されました。それを踏まえた総務省の「平成28（２０１６）年版　情報通信白書」（第1章第1節1-(1)）には、以下の記述があります。

(1) 人口減少社会の到来

少子高齢化の進行により、我が国の生産年齢人口は1995年をピークに減少に転じており、総人口も2008年をピークに減少に転じている。総務省「国勢調査」によると、2015年の総人口（年齢不詳人口を除く）は1億2520万人、生産年齢人口（15歳～64歳）は7592万人である。14歳以下の推計人口は1982年から連続して減少が続いており、少子化に歯止めがかからない実態が改めて浮き彫りになっている。

国立社会保障・人口問題研究所の将来推計（出生中位・死亡中位推計）によると、総人口は2030年には1億1662万人、2060年には8674万人（2010年人口の32・3％減）にまで減少すると見込まれており、生産年齢人口は2030年には6773万人、2060年には4418万人（同45・9％減）にまで減少すると見込まれている。

約40年後には、日本の人口はいまより30％も減って、8600万人程度になってしまうのです。まさに驚異的なペースの減少です。

この人口減少という大きな問題は、急に解決することはできません。なぜなら、人が育ち、大人になるのには長い時間が必要だからです。

つまり、この傾向は不可避、不可逆として受け入れるしかありません。

逆に「人口減少」という状況を受け入れ、どう対応するかで、今後のビジネスのあり方や人生設計は大きく変わってくると思います。

この人口減少を掘り下げていくと、さらに深刻な事実に突き当たります。それは、この人口減少が単なる人口減少ではなく、「**生産年齢人口の減少である**」という点です。

生産年齢人口とは、労働できる能力や資格を持つ年齢層のことで、日本では15歳から64歳の人口に該当します。

２０１５年に７５９２万人であった生産年齢人口が、２０３０年には６７７３万人、そして２０６０年には４４１８万人にまで減ると予測されているのです。

２０６０年の総人口の予測は約８６００万人なので、生産年齢人口は総人口の約半分、「2人に1人は生産年齢人口ではない」という極めて厳しい状態に陥ります。

こうした状態で国力を保つことはできるのか。それほど大きな不安要素が待ち受けているのが、日本の将来の姿なのです。

少子化により、若者（14歳以下）の人口は37年間減り続けてきました。しかし、労働力人口はあまり変わりませんでした。それは、退職する年齢を延ばしてきたからです。

昔ならリタイアして、もう働いていないような年齢のおじいちゃんやおばあちゃんにも、頑張ってまだ働いてもらっているのです。

ただし、この状況がいつまでも続くわけではありません。**今後は労働力人口が急激に減っていきます。**働くことのできない高齢者が増える一方で、若者の数も減り続けるからです。

現在、大卒の就職希望者は40万人前後といわれますが、仕事をリタイアする人の数がそれを上回るとどうなるか。

多くの企業は現状を維持するだけの労働力を確保することさえ難しくなります。

これは、日本社会全体の労働生産性が下がることを意味します。その結果、日本のＧＤＰ（国内総生産）も減っていきます。

国としてはＧＤＰがアップすることを目指しています。アップしなくとも、最低限維持することが義務付けられているともいえます。

GDPは簡単にいうと、「労働力人口×労働生産性」で表すことができます。そして労働生産性とは、労働者1人当たりの労働による成果（付加価値額）を示す指標です。したがって、労働人口が減るのであれば、GDPを維持するためには労働生産性を上げるしか方法はありません。

そのため、いま政府は「働き方改革」で日本社会全体の労働生産性を上げようと盛んにアピールしているわけです。

政府は「短時間で効率よく成果を出す労働」への移行を進めている

ここで、その「働き方改革」の内容を見てみましょう。

2017年3月に、働き方改革実現会議が「働き方改革実行計画」を決定しました。その会議では、9つのテーマが掲げられています。

1　非正規雇用の処遇改善……同一労働同一賃金を導入、正社員化の推進

2　賃金引上げと労働生産性の向上……最低賃金を年率3％程度引き上げ、全国加重平

均を1000円に

3　長時間労働の是正……罰則付きの残業上限規制とインターバル制度の導入

4　柔軟な働き方……テレワークを拡大、兼業・副業を推進

5　病気の治療、子育て・介護等と仕事の両立、障害者就労の推進……保育士や介護職員の賃金・待遇を改善

6　外国人材受入れ……政府横断で総合的に検討開始

7　女性・若者の活躍……学び直しの機会拡充、就職氷河期世代の支援

8　転職・再就職支援……転職者受入れ企業の助成拡大、情報提供を強化

9　高齢者の就業促進……65歳以降の継続雇用延長や定年延長へ助成促進

テレビや新聞などでよく取り上げられるのは、過労死の問題とも関係する「3　長時間労働の是正」です。

長時間労働の是正は、過労死や、ストレスからうつ症状になる人を減らして心身の安定を図ることや、自由な時間を増やして余暇や家事・子育てに充てる時間を増やすことだけが目的ではありません。残業時間を減らすことで、従業員の「時間に対する意識」を高め

ることもその目的といえます。ダラダラと仕事をするのではなく、**短時間で効率よく仕事を進めることができれば労働生産性も向上する**からです。

従来よりも短時間で仕事の成果が出せるようになれば、会社にとっても従業員にとっても、大きなメリットとなるでしょう。

つまり「働き方改革」には裏テーマとして、働き手側の労働生産性の改革もあるのです。具体的には、「長時間を投入して成果を出す労働」から「短時間で効率よく成果を出す労働」への移行を要求しているのです。

それでは、個人として労働生産性を上げるにはどうしたらいいのでしょうか。短時間で仕事の成果を上げるようにするという方法もありますが、それ以外に一番手っ取り早い解決策として副業があります。

1つしか仕事をしていなかった人が2つの仕事をするようになれば、単純に労働生産性は上がり、収入もアップします。ただし、1つの仕事で残業を求められたら、もう1つの仕事をすることなどできません。

実行計画の「4　柔軟な働き方」にもそれは反映されており、兼業や副業を推進する目的からも残業規制が行われているわけです。

ただし、副業にも限界があります。1日は24時間しかありませんし、睡眠時間や休憩時間も必要です。したがって、働ける時間はかぎられてきます。

労働力人口が減っていき、1人の労働時間には限界があるとしたら、残る手段は何か。

私は、**「労働力の流動性を高めること」が一番の解決策になる**と考えています。

副業とは、どこかの会社に勤めながら、ほかにアルバイトやサイドビジネスをすることです。例えば、夜間や休日にコンビニエンスストア（コンビニ）や飲食店でアルバイトをするなどの方法があります。

そのような形ではなく、1人が5社や10社の仕事を掛け持ちしてもいいではありませんか。これが、労働力の流動性を高めるということです。

ただし、そのためには**「雇用関係で働く」ことから「契約関係で働く」という、働き方に対するパラダイムシフトが前提になります**。

実はこの働き方のシフトこそが、私の提唱する「働き方革命＝クールワーカーズ」として働くスタイルのベースとなります。

「雇用関係で働くこと」から「契約関係で働くこと」へのシフト

「雇用関係で働くこと」とは、従業員として会社に雇用してもらうという、現在ほとんどの会社員の働き方です。

一方、「契約関係で働くこと」とは、専門的なスキルを持った人が、基本的には組織に所属しないでフリーランスとして働くことを指しています。

デザイナーやイラストレーターなどのクリエイティブ関係の人、税理士や行政書士・司法書士などいわゆる「士業」の人は、クライアントや顧問先と契約を交わすことで、すでに「契約関係で働くこと」に近い形になっているといえるでしょう。

そのスタイルを、より多くの人、多種多様な業務に携わっている人にも広げていくことで、日本社会の労働生産性の向上を図るのです。

日本社会には以前ほどではありませんが、まだまだ終身雇用の考え方が根強く残っています。一度会社に入ったら、長期間その会社にいることを前提として働いています。どんなに能力の高い人でも、外資系企業以外では転職を繰り返すことはあまりありません。

この状態は、1社が安い給料で優秀な人材を囲い続けているため、日本社会では優秀な労働力が流動しないと言い換えることができます。そして、ここに日本社会の労働生産性が上がらない根本的な原因があると、私は考えています。

また、少子化が進んでいるため、企業はなかなか希望する人材を新卒採用できないという課題に直面しています。若者の数が減っているので、優秀な新卒者の取り合い合戦が企業間で熾烈《しれつ》になってきています。

ある会社が募集している新卒者の数は毎年同じなのに、新卒者全体の数が減っているわけです。当然、その会社が求めているレベルの新卒者を必要な人数だけ採用することは困難になっていきます。

新卒者の採用で必要な人材が確保できないとなれば、次善の策として即戦力となる中途採用の枠を広げてみても、労働力の流動性が低いので、やはり希望どおりに採用することはできません。

いま0歳児が減っているということは、その子が新卒者となる約20年後、中途採用に応募するかもしれない30年後は、現在より確実に労働力人口が減少します。

つまり、**新卒採用と中途採用、いずれも現在より希望する人材の採用が難しくなる**ことは確定事項になっているのです。これが今後、数十年続くというのが日本経済の現実です。

するとどうなるのか。需要と供給の法則を当てはめてみましょう。

希望する人材を雇用で確保できないのであれば、必要なスキルを持つ人を必要なときだけ働いてもらう形にシフトせざるを得ません。「人を雇用することからの脱却」という解決策です。

この面からも、雇用関係ではなく「契約関係で働くこと」で労働力の流動性を高めるという流れが求められていくと思います。

日本社会は今後、人を社員として雇用するのではなく、「必要なときに、必要なスキルを持っている人を、必要な期間だけ調達する」という方向に舵《かじ》を切らざるを得ないと考えます。

そして、この「**必要なときに、必要なスキルを持っている人を、必要な期間だけ調達する」ことが契約関係で人を使うということ**です。

フリーランスで働く人のためのインフラを整える

いま現在、企業が新卒採用をするとき、企業は学生に簡単にアプローチすることができます。しかも、企業から全国の大学に直接コンタクトを取る必要はありません。リクルートやパーソルキャリア（旧社名インテリジェンス）などのエージェント会社を活用することで、新卒者へのアプローチが可能です。

それらのエージェント会社は新卒者だけでなく、転職を希望する中途採用者の情報も持っているので、中途採用の際に企業はその情報にアクセスすることで希望者を募集することができます。

ただし、これはあくまで雇用関係を前提とした情報提供です。

それでは、企業側が契約関係を前提として、必要なときに必要なスキルを持つ人を調達しようとしたら、どこにアクセスすれば情報を得ることができるのでしょうか。残念ながらいまの日本には、まだそうした情報にアクセスする手段がありません。

そこで私は、そうした情報を提供する場として「コワーキングスペース」を活用しようと考えています。**コワーキングスペースが契約関係で仕事をする人たちのプラットフォームとしての役割を果たし、そこに企業が必要とする情報も集まるようにする**のです。

一方で、自分の専門的なスキルを生かしてフリーランスで働こうと考えている人がいるとします。雇用関係で働くのではなく、契約関係で働くことを選択したわけです。

明日からフリーランスで働くことを決めたとき、まず直面するのは、どうやって仕事の契約を見つけるのかという問題です。仕事がなければ生活することはできません。

いざ仕事を探して契約を結ぼうと思っても、仕事を探す手段さえ、どうすればいいのか分からない可能性があります。

そして、自宅以外のどこかで仕事をしようと思っても、なかなか快適に仕事のできる場所が見つかりません。自分が目指しているような働き方をしている人に相談してアドバイスをもらいたいと思っても、どこに行って、誰に相談すればいいのか分からないのです。

このようにフリーランスで働く人のための基盤、インフラが日本ではまだ整っていません。

そして、ある程度順調に仕事をこなしていくことができるようになると、次に求めるのが、相談相手となる仲間など、何らかのつながりを持つ「コミュニティー」の存在ではないでしょうか。

そこでわが社は、**企業とフリーランスで働く人を結び付けるプラットフォームを作ろう**

と考えているわけです。

コワーキングスペースに、契約関係で働くことを希望するフリーランスの人たちを集めて会員登録してもらいます。その人たちは働くことに対して高い意識を持っているので、会員が集まれば集まるほど、企業にとっても人材確保に役立つデータベースが出来上がります。

現在、Ｗｅｂ上にはオンラインで不特定多数の人に業務を発注する「クラウドソーシング」という仕組みがあります。しかし、いまのところクラウドソーシングは専門的なスキルを持つ人たちが集まるというよりは、文字入力の作業などキャリアやスキルがあまり問われない仕事を発注する場となっています。

私の経験上、スキルの高い人を雇う際に、Ｗｅｂ上の情報だけで完結することはまずありません。実際に会って話をし、仕事の条件や求める成果を細かく明らかにすることが不可欠となります。

企業側が求める人材とフェイス・トゥー・フェイスで話をする場がどうしても必要なのです。そして、その場こそがコワーキングスペースとなります。

このように雇用関係から契約関係へと働き方がシフトするために、コワーキングスペースが働き方革命のプラットフォームになることを、私は目指しているのです。

やっている仕事は同じだけど、会社に所属して行うのではなく、フリーランスで行う。

ただ、それだけの違いです。

会社に雇用されなくても、フリーランスで働くことも可能。そう発想の転換ができるかどうかが、これからの人生の分かれ目になります。

自宅ではなく、駅の近くのコワーキングスペースで仕事をする。そこに行けば、いろいろ相談できる仲間がいる。新しい仲間とも出会える。仕事も紹介してもらえる。そんなプラットフォームを作っている最中です。

そして、この新しい働き方により人生を充実させ、ワクワクしながら仕事を楽しんでいるのが「クールワーカーズ」なのです。

第1章

社会の変化に対応する「新しい働き方」

1 「仕事をする場所を制限されない」時代になった

多くの人が「ＩｏＴ」という言葉を目にしたことがあると思います。これは「Internet of Things」の略で、「モノのインターネット」と表されたりします。

パソコンやスマホ（スマートフォン）などだけでなく、テレビや冷蔵庫、エアコンなどすべての「モノ」がインターネットにつながることで、日常生活やビジネスのあり方が変わるといわれています。

ＩｏＴが活用されることで、電化製品だけでなく、自動車・交通機関・医療・農業などさまざまな分野で大きな変化が起こっていくでしょう。

インターネットにより、10年前や5年前と現在を比べ、仕事に関しても大きく変わった点があります。それは、インターネットの発展に伴うパソコンやスマホなどデバイスの進化で、どこでも仕事ができるようになったことです。

これまで事務系の作業をする際には、オフィスにあるデスクトップのコンピューターで仕事をするため会社にいる必要がありました。しかし、いまではノートパソコンやタブレット端末があれば、いつでもどこでも仕事ができます。**ネットにさえつながっていれば、仕事をする場所は限定されません。**実際、カフェなどで仕事をしている人もよく目にします。

テクノロジーの進化のおかげで、このように仕事をする場所の制約がなくなってきていますが、仕事に関する変化はそれだけではありません。**遠隔地にいる人と簡単につながることも可能**になっています。

例えば、もはやテレビ会議も当たり前になりました。同じ場所に集まらなくても、お互いの顔を見ながらコミュニケーションを取ることができます。世界中の複数の拠点と同時につながることも可能になりました。

こうしたテクノロジーの進化により時間とお金の効率化が図られ、「**働く場所に対する制約」はどんどんなくなってきています**。

仕事とは、満員の通勤電車を我慢して会社に通うこと。そんな考え方が一昔前の常識となる日も、そんなに遠い話ではないかもしれません。

2 ＡＩやロボットも仕事の競争相手

仕事のあり方に関して、働く場所に対する制約がなくなっていることと同時に、もう１つ変化が生じています。

仕事をする際の社内での競争相手は、これまでは同じ会社の人だったのですが、いまではＡＩやロボットも競争相手になってきました。

ＡＩやロボットとの競争に負けると、仕事を失う可能性もあるのです。

例えば三井住友海上火災保険は２０１７年12月に、今後は営業部門の職員が手掛ける事務作業のうち９割をＡＩなどで代替すると発表しています。

つまり、三井住友海上火災保険にかぎらず、ＡＩによって代替可能な比較的単純な事務作業に従事している人は、今後、仕事がなくなる可能性が極めて高いのです。

事務作業以外にも比較的単純な仕事はいろいろあります。例えば、コンビニの店員はそれに該当するでしょう。

現在、都市部のコンビニの従業員は外国人労働者がとても多くなっています。その理由として、仕事に専門的なスキルは求められず、比較的単純な作業が多いことが挙げられます。

それ以外にも、労働時間が深夜や早朝になったりすることや、お客さんとの対応では丁寧な気配りが求められる割には賃金もそれほど高くないことなどから、日本人の求職者が少ないため、必然的に外国人労働者が多くなります。

コンビニの店員だけでなく、飲食業や建築関係など、仕事内容がハードという印象のある業界では、日本人の若者が働くことを敬遠するために外国人労働者の占める割合がどんどん高くなっています。

ただし現在、事務作業に従事している人も、いまの仕事がずっと保証されているわけではありません。ある日、突然、ＡＩに代替される恐れがあります。

そうなったとき、どんな仕事に就くことができるでしょうか。以前なら、とりあえずコンビニや飲食店などで働くことができたかもしれませんが、すでに外国人労働者がその場所を占めています。

仕事の競争相手が、日本人だけでなく外国人もライバルとなり、そして人間だけでなく

ＡＩやロボットも競争相手になってきたわけです。

現在、働くということは、かなりシビアな状況に向かっているのです。

こうした厳しい状況を乗り越える方法を考えると、ＡＩやロボット、外国人よりも付加価値の高い仕事をすることが求められます。**他者よりも価値のある存在にならなければ、これからの社会では生き残っていくことができません。**

より価値の高い労働に携わるようにしないと、働く場所がなくなっていく恐れがあります。

このような流れを象徴しているのが、アップルという会社です。

実は、アップルは自分のところではモノ（商品）を作っていません。自社では工場を持たず、実際にモノを作っているのは中国や台湾などの会社です。外部に生産を委託してコストの削減を図り、アップル本体の社員は商品の企画や設計、販売計画など、付加価値の高い業務を担当しています。

今後、生産現場ではロボット化が進み、工場で働く人数はどんどん減ることが予想されます。その一方で、ライバル会社との競争に打ち勝つ新商品を企画・設計したり、広告宣伝・販売計画を担当する人材は、専門的なスキルを持っていれば仕事がなくなることはないでしょう。

付加価値の高い仕事をする人しか生き残ることができない……極めて厳しい現実が待ち受けていることを肝に銘じておく必要があります。

3 銀行のビジネスから見る時代の変化

少し前にオックスフォード大学の准教授が「10年後に消える職業・なくなる仕事」を予測した論文を発表して大きな話題になりました。コンピューターの技術革新により、これまで人間にしかできないと思われていた仕事が、ロボットなどにどんどん取って代わられていくというのです。

なくなる可能性の高い職業として、「小売店販売員」「一般事務」「運転手」「受付係」「通訳・翻訳」などが挙げられています。

実際、すでに受付業務に関して、長崎のハウステンボスなどにある「変なホテル」では、フロント業務だけでなくホテルのさまざまなサービスをロボットが行うことで話題を集めています。

まだ数は少ないですが、受付にロボットがあり、「ロボットに話し掛けてください」となっている会社もすでに現れています。

また、最近は「ＲＰＡ（Robotic Process Automation）」による業務の自動化が注目されています。これは、ロボットによる業務自動化・効率化への取り組みのことです。

以前から言われていた「業務改善」がさらに進化し、コンピューターやＡＩ、ロボットを活用して自動化できるものはどんどん自動化しようという試みです。これまで人間が行っていた作業を機械に覚えさせ、その作業を自動化して仕事の効率を高めていきます。

事務作業の多い業種はＲＰＡを取り入れやすく、金融機関などが積極的に進めています。そして、ＡＩやロボットが可能な業務はどんどん代替させて、人を削減する方向に向かっています。

みずほフィナンシャルグループは今後10年間で、全従業員約６万人の３割に当たる１万９０００人を削減すると発表し、三菱ＵＦＪフィナンシャル・グループも国内従業員約３万人の３割に当たる９５００人分の業務を削減するとしています。前述した三井住友海上火災保険の動きも、この流れに沿ったものです。

こうした人員削減の背景には何があるのでしょうか。

もともと銀行のビジネスは、お金を貸し出す際の利子とお金を預けた人に支払う利子の利ざやによって利益を出すことがベースとなっています。ところが、ゼロ金利・マイナス金利政策の影響もあり、現在、銀行は利益の減少を強いられています。

そこで、銀行は「手数料ビジネス」への移行を図っているのです。ＡＴＭで現金を引き出す際に、現在は手数料が無料の時間も有料にしたり、振込手数料の値上げなどの検討がなされています。

さらに、銀行口座の維持にかかる費用を手数料（口座維持手数料）として預金者から徴収できるかの検討を始めています。銀行口座は給与が振り込まれたり、公共料金などの引き落としなどに利用されていますが、現在はそうしたサービスの提供に対する手数料を徴収していません。これを有料にしていこうという動きもあります。

その一方で、インターネットなどのＩＴやＡＩを活用した新しい金融サービスとして「フィンテック（Fintech）」の波が押し寄せています。

フィンテックは「Finance（金融）」と「Technology（技術）」を合わせた造語で、リーマン・ショック（2008年）後のアメリカから広がりました。従来、金融機関が担っていた決済や融資、資産運用、株式売買などのサービスをIT業者などが提供するようになりました。スマホを使ったお金の決済などが、その代表的なサービスです。

スマホで支払うときのように、フィンテックの特徴は現金を扱わないことにあります。クレジットカードだけでなく、電子マネーなどの新しい金融サービスが次々と登場してくることで、今後は現金を扱うことがどんどん減っていきます。

しかも、フィンテックによる現金を扱わないお金のやりとりは、銀行を経由せずに行うこともできます。

つまり、銀行は手数料ビジネスに移行しようとしたのですが、予想以上の技術の進歩により、思惑どおりに手数料収入を増やすことが難しくなっているのです。

そこでメガバンクを中心に銀行は現在、フィンテックに関するサービスを開発・提供する新しい企業の支援や買収に熱心に取り組んでいます。銀行の本業は、お金を貸してその企業の成長を促すことにありますが、現在の銀行はその役割からさらに一歩先を行こうとしています。

企業に出資するだけではなく、アドバイスを行ったり、人材の紹介も行うなど、企業の成長を加速させるために必要な資金の投資やサポートをする「アクセラレーター」としての役割も担うようになっています。従来の本業の枠を超える業務にも進出しているのです。

これまでさまざまな規制によって守られてきた銀行のビジネスもテクノロジーの進化により、規制そのものに意味がなくなっており、メガバンクでさえ大きな変化を余儀なくされています。決して業績が悪いわけではないのに、メガバンクが大幅な人員削減を言い出したことには、社会の変化もその背景にあるのです。

２０１７年は、このような変化が顕著になった元年といえるかもしれません。

4　有効求人倍率が高い職種と低い職種

日本社会では、いま医療関係や建設関係、飲食業界などさまざまな分野で人手不足が大きな問題になっています。

実はこの人手不足は、ただ単純に「**人が足りない**」のではなく、「**お願いしたい仕事をできる人が足りない**」のです。

それでは「お願いしたい仕事」とは何か？

単純労働ではありません。もはや単純労働はロボットが代替する時代を迎えています。企業がお願いしたいのは「スキルを必要とする仕事」なのです。

労働力の需給関係の目安とされる指標に「有効求人倍率」があります。これは、ハローワークで仕事を探している1人に対して、何人分の求人があるかを数値で表したものです。「1」を超えれば、労働市場で需要（求人数）が供給（求職者）を上回っていることになります。

有効求人倍率は厚生労働省が毎月発表していますが、2017年は1・5倍前後になっています。ただし、これはすべての職種・業種をまとめて平均した数値です。

職種別の数字も発表されていて、数値の高い職種は仕事を探しやすく、1以下の職種はなかなか仕事が見つからないといえます。

職種別に見ると、数値が高いのは「建設関係」と「情報通信系」、それに「医療関係」です。「事務系」の職業は極めて数値が低く、平均である1・5の半分以下になっています。

医療関係は資格を持つ専門家が不足しており、建築関係は2020年の東京オリンピックに関連した建設ラッシュなどで活況を呈しているのに、仕事がハードというイメージから若者がなかなかこの業界には入ってきません。

情報通信系は、前述したようなテクノロジーの進化に伴い、専門的なスキルを持つ人材が常に求められています。

このように、**事務職や単純労働は必要とされる人数が減っている反面、スキルが必要とされる仕事では需要が増えている**のです。

スキルが必要とされる仕事、ＡＩやロボットに置き換えることのできない仕事では、人材不足の状態がこの先も続いていきます。日本社会では、もはやこの流れは確定事項となっています。

5 年金受給額が減少することへの対処法

日本の年金制度では、基本的に60歳になると年金を受け取ることができました。

しかし、財政状況の悪化から受給年齢が引き上げられ、現在は、１９６1年4月2日以降に生まれた人は65歳にならないと、どの種類の年金も受け取ることができません。

日本の年金制度は戦後に作られましたが、当時は若者の人口が爆発的に増えていく時期に当たります。

年金制度は、現役世代（働いている人たち）が退職世代を支えるという仕組みになっています。したがって、若者の数が多ければ、老人1人分の年金を若者数人で負担することになります。若者の数が多ければ多いほど、現役世代1人当たりの負担額は少なくて済むわけです。

医学の進歩により平均寿命が伸びたことで、日本は高齢化社会を迎えました。その一方で少子化も進みました。つまり、年金を受け取る高齢者はどんどん増えるのに、その年金を負担する若者は減る一方なのです。

その結果、受給年齢を引き上げることによって制度の破綻を回避しているというのが現状です。ただし、この方法では年金制度はいつか破綻し、現役世代が退職世代を支えることは難しくなります。

20歳からずっと年金を払い続けていることを考えると、年金がまったくもらえなくなることはないでしょう。もし、そのような政策が実施されれば、国民からは尋常ではない反発が起こるでしょう。

ただし、現在受け取っている世代よりも、受給額はかなり減ることが予想されます。老後の生活を十分に支えられるような額を受け取ることは不可能だと思います。

こうした危機的な状況を迎える老後に対して取り得る方法は、2つしかありません。引退後に備えて現役時代に資産を作っておくか、**引退を延ばしてお金を稼ぎ続ける**。そのどちらかになります。

前者のように引退後に備えて十分な蓄えを用意しておくことは、実際問題としてかなり難しいでしょう。したがって、ほとんどの人は後者のように引退を延ばして、可能なかぎり働き続けるしか方法はありません。

ただし、単純労働はロボットに代替されていきます。事務作業も同様です。すなわち、現役時代から定年退職後も仕事が続けられるようなスキルを身に付けることが求められるのです。

6 「シェアリングエコノミー」が浸透する背景

現在、日本の人口は減少傾向にありますが、大都市圏への人口集中は続いています。しかも、この傾向は今後さらに加速するともいわれています。

そして、世界を眺めるとインドや中国の人口増加は依然として激しく、インドでも特に大都市での人口増が顕著になっています。ニューヨークや上海でも同様の傾向が見られます。

そうした人口が集中する都市では、当然、生活コストの上昇が考えられます。土地はかぎられているので家賃も上がるでしょうし、家を買おうと思っても値上がりします。

これは個人の生活の話だけでなく、オフィスの問題にも当てはまります。大都市でビジネス活動を行うには、**オフィスの家賃負担がどんどん大きくなっていきます。**

人口が集中することであらゆる物の値段が上がると、その負担に耐えられない人も出てきます。

その解決策としては、シェアリングが考えられます。実際、日本でも車は「カーシェアリング」の活用が、個人用でもビジネス用でも伸びています。自家用車を持つのではなく、必要なときに必要な時間だけ車を借りて利用します。

車だけでなく、オフィスもシェアリングは可能です。

人口が集中する「メガシティー」の発展と同時に、そうした場所や乗り物、モノや人などをインターネットなどを介して貸借や売買、交換し、シェアしていくという経済の動きである「シェアリングエコノミー」の需要が高まっていくでしょう。

今後、メガシティー化が加速していけば、**日本でもシェアリングエコノミーが普及していく**と思います。

シェアリングエコノミーとしては、カーシェアリングのほかに、シェアハウスもありますし、最近、東京では自転車のシェアリングが盛んになりつつあります。

自治体だけでなく、NTTドコモが積極的に活動を展開していますし、セブン-イレブン・ジャパンがソフトバンクグループのOpen Streetと共同で自転車のシェアリングに乗り出します。LINEも中国大手の摩拝単車（モバイク）と組んで事業に乗り出すことを発表済みです。

オフィスもその流れを受けて、シェアリングが進んでいくでしょう。

そして、この**シェアリングの進展によって新しい仕事も生まれてきます**。

例えば、お笑いタレントを目指す売れない芸人がいるとします。収入がないのでバイトをする必要がありますが、バイトとしてすぐに思い浮かぶのはコンビニや飲食店でしょうか。ところが、すでに述べたように、そうしたバイトはどんどん外国人労働者やロボットに取って代わられています。

このようにバイトをしようと思っても、時間の融通が利くような仕事はなかなか見つからなくなっていく可能性が高いのです。

アメリカ生まれの「Ｕｂｅｒ（ウーバー）」という配車アプリがあります。Ｕｂｅｒに登録すると、スマホに自分が乗りたい場所の近くにいるタクシーが表示され、目的地までの料金も事前に知ることができます。

このサービスを、営業許可を得たタクシーの配車だけでなく、一般の人が自分の車を使って他人を乗せるいわゆる「白タク」の営業まで展開したのが「ＵｂｅｒＸ」です。

日本では「白タク」は認められていませんが、アメリカでは可能です。そこで、ＵｂｅｒＸに登録すれば、誰でも空いた時間に自家用車でタクシードライバーの仕事をすることで収入を得るチャンスがあります。アメリカでは、仕事を持つ人が夜間や休日などにＵｂｅｒＸを活用してかなりの収入を得ていることをテレビ番組で紹介していました。

これも自家用車をシェアするという発想から生まれた仕事といえるでしょう。

日本では白タクが認められていないので、売れないタレントがＵｂｅｒＸでタクシードライバーとしてお金を得ることはできませんが、規制緩和によりいずれ可能になるかもしれません。

現在、日本で副業というと、コンビニのアルバイトのように決められた時間に時給で働くことが中心になります。しかし、ＵｂｅｒＸのように、**自分の都合に合わせて働くことも可能という働き方が多様化していく可能性が高い**のです。

旅行者に自宅の空いた部屋を貸す「Airbnb（エアビーアンドビー）」が日本でも広がりつつありますが、ＵｂｅｒＸはそのタクシー版です。

Airbnbを活用した民泊も住居のシェアなので、シェアリングエコノミーの1つです。自分のいない間に自分の部屋を貸してお金を稼ぐ――自分の時間を一切奪われることなくお金を稼ぐことができるわけです。

このように**お金を稼ぐチャンスはどんどん増えていく**はずです。

ＡＩやロボットにより現在の仕事が失われていく一方で、テクノロジーの進化が新しい仕事を提供したり、お金を稼ぐ方法を生み出していきます。

ただし、従来の働き方や価値観にとらわれていては、その流れに乗ることは難しいと思われます。社会の変化に適応した「新しい働き方」が必要とされるのです。

7 時代の変化に対する働き方とは

以前は仕事の打ち合わせをするには、電話以外では直接顔を合わせて行う必要がありました。また、会社にあるパソコンなどを使って仕事をすることが当然とされていました。そして、何よりも時間を拘束されることが当たり前とされていました。「朝は○時に出社して□時までが就業時間」で、会議があればその時間は会社にいる必要があります。上司も部下が目の前にいれば、いろいろな指示を出しやすいので、一緒にオフィスで仕事をすることが当然でした。

現在、こうした仕事を巡る環境はテクノロジーの進化によってどんどん変わっています。その一番大きな変化は、前述したように時間に拘束されることが少なくなってきたことです。

小さい子どもを持つ母親は仕事をしたくても、希望どおりの仕事を見つけることが難しい状況にあります。あるいは、親の介護をするためにフルタイムで働くことが難しい人も増えています。

このような人たちの共通点は、働くことに対する「時間的な制約」です。たとえ本人が、人材不足の会社が求めているようなスキルを持っていても、働くことのできる時間がかぎられているために、働く場を見つけることが難しいのが現状なのです。

しかし、テクノロジーの進化により働き方が変わり、そうした人たちにも働くチャンスが増えてきています。

いま現在、日本社会では何が起こっているのか。それを企業の側から見ると、単なる人材不足ではなく、**企業が求めるスキルと、そのスキルを持っていて仕事を求める人とのミスマッチが起こっている**のです。

ところが、テクノロジーの進化やシェアリングエコノミーの発展などにより、働き方が多様化し、**企業としては必要とするスキルを必要とするときだけ調達すればいい**ことになっていきます。一方、時間的な制約のある働く側も、**自分の都合に合わせてスキルを売ることが可能**になっていきます。

専門的なスキルがあれば、このような働き方ができる時代がすぐそこまで来ているのです。

クールワーカーズへの道 ①

趣味を副業に ……………………………… イラスト

「自分の好きなことを仕事にしたい！」

そう思っている人も多いでしょう。でも「難しい、自分には無理」と諦めていませんか。

趣味や好きなことも、自分の「専門性」なのです。スキルをアップしていけば副業としてお金を稼ぐことができますし、その先にはフリーランスとして独立する道も待っているのです。

例えば、イラストや絵を描くことが好きで、人からも「上手だ」と言われているとします。しかし、イラストだけで生計を立てていくのは簡単ではありません。一方で、イラストレーターには特に必要な資格などがないので、少しずつスキルを磨き、準備を進めていけば、いずれ職業にすることも可能です。

イラストはテレビや広告、絵本や雑誌、Web ページやアプリ、さらには社内資料や名刺など、さまざまなところで使用されます。そこで「お金になるイラストとは？」を意識して、いろいろなイラストを見てみましょう。そして、自分なりのイラストを描きためていきます。

最近は、クラウドソーシングやイラストを出展できる Web サービスがあり、イラストを必要としているクライアントへより簡単にアクセスできるようになりました。まずは Web サービスを利用する方法から試してみることもお勧めです。

Web サービスは、あらかじめ制作しておいたイラストデータをオンライン上にアップロードしておき、それをクライアントが利用することで収入が得られるという仕組みです。クラウドソーシングのサイトでも、イラスト案件の募集は多くあります。 自分のイラストがどんなシーンで使われるかを考えながら、どんどん好きなイラストを描いてスキルをアップしていきましょう。

第2章

フリーランスに「働く場」を提供する

1 フリーランスへの仕事提供

前章で、時代の変化に対応し、生き残っていくためには働き方を変えていく必要があることを紹介しました。とはいえ、何をどう変えていけばいいのかよく分からない人も多いと思います。

現在、わが社ではそうした人たちをサポートし、必要とするサービスを提供していますが、今後さらに拡大していく予定です。

「はじめに」でも書きましたが、わが社が提供しているサービスの1つに「コンサルポータル」というサイトの運営があります。

ここでは、「フリーランスへの仕事提供＝フリーランスのコンサルタントと企業のマッチング」を行っています。簡単に言うと、**フリーランスが「契約関係で働くこと」を実現できるサービスを提供**しています。

本章では、このサービスの提供に至った経緯を、私自身の体験を交えて紹介します。

2 ブラック的企業での職場経験

私が大学を卒業して最初に就職したのは、銀行系のいわゆるシンクタンクでした。シンクタンクには、政府系と民間系があります。私の勤めたのは後者で、企業から依頼を受けて各分野の専門家がその会社の経営戦略や経営上の課題などの調査・研究を行い、解決策を提言したりして企業活動をサポートしています。

その会社は入社してすぐの頃から、超多忙な職場環境で大変でした。週に2回くらいは会社泊まりという状態で、いまならブラック企業としてネットで炎上してもおかしくないような職場でした。

卒業したのは関西の大学ですが、勤務地は東京です。朝8時には会社に着き、終電で帰るのが日常茶飯事。終電を逃すと会社に泊まることになるわけです。

これは私だけでなく、多くの社員が同じような状況で働いていました。

そんな勤務状況が、ずっと続きました。

私が大学を卒業して就職したのは２００１年です。

１９９０年代のバブル崩壊後は景気が悪化して、各企業が新卒者の採用人数を絞ったことで「就職氷河期」といわれていますが、中でも一番厳しかったのが２０００年から２００１年の就職で、「超就職氷河期」とも呼ばれています。

私は、まさにその時期に就職活動を行いました。

当時、新卒採用人数が一番多いといわれていたＮＴＴでさえ、新卒の採用がゼロでした。従業員が30万人近くいるＮＴＴの歴史の中で、新卒採用がゼロだったのはその年だけかもしれません。

現在では２０００人近い新卒者を採用しているメガバンクも、その頃は2桁で70～80人だったはずです。

そんな状況なので当然、就職活動も苦労しました。

景気低迷期に当たった就職活動を乗り越えて何とか入社したわけですが、入ってみたら、いまでいうブラック企業のような勤務状況……。夜中に電話で呼び出されることもしばしばです。そんなときは仕方がありません、タクシーで会社に向かいました。

そのシンクタンクでは、コンサルティング的な仕事をしていました。そして、日常の業務をこなしていく中で、もう少し専門的なスキルを身に付けたいと思うようになり、入社から3年が過ぎた頃には転職を考えるようになりました。

実は、民間のシンクタンクとはコンサルティング業務が主要な業務であり、コンサルティング会社ともいえます。

コンサルティング会社というのはその業務内容ゆえに勤務時間も長く、そもそもブラック企業的な体質があるのです。したがって、転職した会社（ここもコンサルティング会社）でも勤務状況はあまり変わりませんでした。

ただ、そうしたハードワークも自分のキャリアアップにつながると考えて頑張りました。頑張っていた時期は、2社を合わせると8年くらいになります。

3 外資系企業への転職

そして、さらに転職して3社目に勤めたのが外資系企業（やはりコンサルティング会社）だったのですが、そのときは本当に驚きました。働く環境がそれまでの2社とはまったく違っていたのです。

まず、オフィスには自分の机がありません。日本の会社のように「今日からここがあなたの席です。いつもここに座って仕事してください」とはなっていませんでした。

しかも、会社に「行く・行かない」も本人に任されていて自由なのです。

求められているのは「仕事で成果を出すこと」だけ！

ただし、しかるべき成果を出していないと社内に自分の居場所がなくなり、クビになりかねません。世間の人が抱くような「ザ・外資」のイメージが、そのまま当てはまるような仕事環境でした。

毎日会社（オフィス）に行く必要はなく、**自分の好きな場所で働くことができる。**そんな自由な仕事環境でした。

また、渋谷駅や新宿駅、池袋駅などターミナル駅の近くには、その会社の社員だけが使うことのできるサテライトオフィスが設けられていました。

本社まで行かずに、自分にとって使い勝手のよいサテライトオフィスで仕事をするのもOK。もちろん、それ以外の好きな場所で仕事をしてもかまいせん。そんな仕事環境があまりに画期的で、カルチャーショックを受けました。

テレビや雑誌などで、そんな働き方を紹介した番組や記事を目にしたことはありましたが、自分にはとうてい縁のない話と思っていましたから。

会社員は毎日、満員の通勤電車に乗ることを強いられています。特に、月曜の朝の満員電車は「今週もこんなつらい思いを我慢して働くのか」という人々の思いがいっぱいで、最低最悪の空気が漂っています。

私は満員電車に我慢している人の姿を見ると、古代のローマ帝国を舞台にした映画に登場する奴隷を連想してしまいます。

姿格好はスーツに変わりました。肉体を使う過酷な作業を強制されることもなく、職場ではパソコンの前に座って行う作業に従事しているかもしれませんが、不自由な思いをしているという意味では、言い過ぎかもしれませんが、古代ローマの奴隷とあまり変わらないのではと思えてしまうのです。

ムチで叩《たた》かれたり、みすぼらしい姿をさせられることが、スーツとパソコンに変わっただけ。「会社が主人、社員は奴隷」という関係、大本の制度そのものは何も変わっていない。そんな思いを抱きました。

バブル崩壊後に「失われた10年」を迎えたり、「就職氷河期」になったのも、日本の会社では社員が奴隷的に働かされていることに原因があるのでは……。

そして、「だから日本は駄目なんだ」と思ったのです。

一方、外資系企業は奴隷のような仕事環境から解放されて、かなり自由な働き方になっています。

両者の差は世界的な視点から見ると、とても大きな差となって現れてくるはずです。日本の企業ももっと自由な働き方ができるようになれば、より良い方向に向かうのでは。日本の国力もアップするのでは。ぼんやりとですが、当時はそんなことを思っていました。

その後、独立したときは少しでも世の中に役立つことをしたいという思いを抱き、現在のビジネスにつながるきっかけにもなっています。

4 求められるのは、仕事で成果を出すことだけ

一般的に、外資系企業というとノルマが厳しく、雇用関係もドライというイメージが強いと思います。実際、ドライな面はありますが「仕事の成果さえ出していればすべてO

K」なのです。それ以外はほとんど問題にされません。

上司や部下との人間関係に神経を使ったり、不必要としか思えない会議に時間を取られたり、そうした会議のための資料作りに貴重な時間を費やす必要などはありません。

有給休暇をしっかり取る、上司より先に帰る、部署の飲み会に参加しない……こうした態度は、しばしば日本の会社で協調性がないと問題視されたりしますが、私の勤めた会社ではそうしたことはまったくありませんでした。

「報酬に見合う仕事の成果を出しなさい」

すなわち、プロの世界なのです。野球やサッカーなど、プロスポーツの世界と同じです。

プロスポーツ選手は、どんなに大口を叩いても、たとえ毎晩飲み歩いていても、試合で結果を出すことができれば高額な報酬を得ることができ、チームからもファンからも認められます。

本来、仕事もそうあるべきだと私は考えます。

プロフェッショナルとして仕事をするのであるから、成果を問われるべき。成果を出すまでのプロセスは本人の自由、本人に任されるべきではないでしょうか。

ところが、日本の会社ではまだまだそうなっていません。**成果以前のプロセスにも細かい注文を付けられがち**です。

仕事を始めたのは何時なのか、必要以上に休憩時間を取っていないか、無駄な残業をしていないか……。野球でいえば、チームが定めた練習時間をしっかり守っているかが重視され、練習内容は問われない。そんな傾向があります。

会社という組織の中だけでなく、日本社会全体に、結果よりもプロセス重視の風潮があります。私にはそれが、本来あるべき姿とは逆に感じられて仕方がありません。

そして、評価制度にも日本の会社と大きな違いがあります。それは社員の権利であって、義務ではないのです。年に2回、人事評価のタイミングがあるのですが、その評価を受ける・受けないは社員の権利なので、評価を受けないという選択も可能です。

日本の会社のように半期ごとに上司から評価され、ボーナス額の判断材料にされるようなことはありません。

ただし、その評価を受けなければ給料は上がりませんし、昇進もありません。それを権利として選択することも可能になっているわけです。

ある意味、すべてが自己責任といえます。

5 コンサルティング会社がハードワークになる理由

一口にコンサルタントといっても、仕事の仕方はさまざまです。「経営コンサルタント」として、個人で自営業者や中小企業の経営相談に応じている人もいますが、大手のコンサルティング会社ではクライアントは上場企業など大企業が中心になります。

コンサルティング会社にはブラック企業になりがちな傾向があると書きましたが、その理由はここにあります。大企業がクライアントのコンサルティングの案件は「高単価な仕事」になるからです。

大手コンサルティング会社に所属するプロジェクトマネジャークラスの人（コンサルタント）が、ある企業からの依頼を受けて1カ月、仕事をしたとします。その場合、クライアントである企業に請求する金額は1人当たり500万~600万円という高額になったりします。

大企業相手のコンサルティングとは、このように単価がとても高い仕事なのです。その代わりに当然、高い成果も求められます。

高い成果を出すためには、それに対応できる十分な知識や経験が必要になります。それを身に付けるためには長時間労働を強いられ、徹底的な専門教育も受けるので、いままでいうブラック企業的な労働環境につながるわけです。

具体的なコンサルティングの案件としては、クライアントの企業が自社だけでは対応できない問題の解決をお手伝いすることになります。

例えば、その大企業に「これからの5年間、10年間、どの事業分野に予算を投じるのが適切なのか」という中期経営計画を策定するという課題があったとします。コンサルティングの依頼を受けると、その結論を導くためのお手伝いをするわけです。

「これからの10年で、何がどう変わるのか。日本社会はいま、このような状況になっている。世界の状況はこう変わる。最近のトレンドがこれなので、10年後は世の中全体がこのように変わっていると予測される。

世の中がそうした環境に置かれるということは、業界としては今後、こうした変革が起こるであろう。現在の競合企業には○○社や△△社があるが、これらの会社はこれまでこうした事業を行っていたから、今後はこの方向に進むと考えられる。

そこで、わが社は社会が変化していく中で、どのようなポジションを目指すべきなのか。そのためには社内のリソースを、どこにどれだけ振り分ける必要があるのか。

そのための戦略は複数、それこそ数百の戦略が考えられるが、それらの優先順位を検討し、各計画や作戦に必要とされる予算を計算する」

このようにすべての命題を浮き彫りにし検討して、その企業の5年後・10年後の姿を詳細にまとめていくことになります。さまざまな分野にまたがる検討材料や問題点を見つけて分析することが、コンサルティングという業務なのです。


日本経済を代表するような大企業もクライアントなので、担当者は高いレベルの知識や経験も持っています。したがって、コンサルタントも相手を上回るようなさまざまな知識と経験を身に付ける必要があります。さらに、自分の意見をクライアントに納得させるための分析能力やプレゼンテーション力も求められます。

コンサルティング会社の社員にはそうした高度な専門的スキルを身に付けることが求められているため、必然的にハードワークに追われる日々が続くことになります。

あるいは「新規事業の開拓」という案件であれば、より実務的な検討が中心になります。そのジャンルの市場規模はどれくらいあるのか。どのようなサービスを展開し、そのサービスを現実のものとするために必要な準備や具体的なオペレーションのスケジュール、広告宣伝のタイミング、スタッフやアルバイトを採用する手順、何年後から収益が上がるのかの事業計画の作成などが検討課題となります。

また最近、企業はプロジェクト単位で事業を進めることが多いので、そのプロジェクトを推進する計画を作成し、実際に計画どおりに進んでいるのか、全体を統括するような案件の依頼も多くなっています。プロジェクトマネジャーとして、クライアントのプロジェクト全体をマネジメントする責任を負うわけです。

こうした業務は、大規模な建設現場におけるゼネコン企業と立場が似ているかもしれません。実際の現場作業を行うのではなく、全体の計画を考え、作業が始まってからは進捗状況が予定どおりなのか、プロジェクトを仕切っていきます。

コンサルティング会社とはそのような業務を行う会社であり、そこで働くコンサルタントは高度な専門的スキルを身に付けることが求められているのです。

6 35歳で独立を決心……

日本のコンサルティング会社に3年半と4年半で約8年勤め、3社目の外資系のコンサルティング会社は5年半。トータルで約13年、私はサラリーマンとしてコンサルタントの経験を積みました。

3社とも、いわゆるコンサルティング業務に従事しましたが、外資系企業では働く環境がまるで違っていたわけです。

約13年のサラリーマン生活を経て、独立したのは35歳のときです。

よくいわれることですが、0や5という数字は、やはり物事の節目になります。私の独立の理由もそれでした。自分の中で以前から35歳をひとつの節目として、何となく意識していました。

35歳の次は40歳となるのですが、40歳では独立して何かを始めるのにちょっと遅いのでは……そんな思いもあり、35歳での独立を決断しました。２０１２年のことです。

40歳や45歳になったとき、この会社で自分がどんな立場にあって、どんな仕事をしているのかを、ふと考えたりしました。そして、その姿を想像したときに「自分は世の中にどのくらい影響を与えることができるのか」と自身に問い掛けてみました。

「全然大したことない。世間が狭過ぎる」

それが私の出した答えでした。

人が何かの仕事をするのには、いくつか目的があると思います。経済的な理由、人の役に立ちたい、社会貢献がしたいなど、いろいろあるでしょう。

私自身は、**人の役に立ちたいという欲が少し強い人間**です。その欲に自分が仕事をする目的を当てはめたとき、「もしこの会社で昇進することができても、あまり人の役に立つことはできないのでは」、そう思えてしまったのです。

それならば、自分自身で何か世の中の役に立つことのできる仕事を始めたほうがいい。そうすれば、より人の役に立つことができそうだ。それなら40歳で独立するより、35歳で独立したほうがいいだろう。

そう考えたことが、独立を決めた大きな理由です。

7 フリーランスのコンサルタントに仕事を紹介するビジネス

日本では、新卒で入社して定年までずっと同じ会社に在籍し、仕事人としての人生を終える人が、まだまだ多くいます。

一方、外資系企業というと中途採用の人も多く、数年間働くと独立したり、また別の会社に移っていく人も多い。そんなイメージを持っている人も多いでしょう。

実際、私の勤めた外資系企業でも独立する人は多くいました。しかも、**仕事のできる人ほど独立する傾向は強くなります**。

日本企業では優秀な人でも独立する人は少数派でしょうが、外資系企業では優秀な人はどんどん独立して、自分の能力をより発揮できる環境を自らが求めていく。それが両者の大きな違いといえるかもしれません。つまり、「**労働力の流動性**」**に大きな差がある**のです。

独立するに当たり、特に準備はしませんでした。

ただ、外資系企業で体験したサテライトオフィスや自由な働き方への共感は強くありました。そこで、こんな働き方をサポートするようなビジネスができたらいいな、何かをしたいなとは、何となく思っていました。

結果的にはそれが現在のビジネスにつながっているのですが、独立するときに初めから現在の形が見えていたわけではありません。何年か後に実現できたらいいなと、漠然と思っていた程度です。

自分にはコンサルティングの経験しかありませんでしたが、それまでの経験から、所属している会社の看板がなくても、コンサルティングの仕事なら何とかなるというある程度の自信はありました。

実際、「独立しました」というあいさつ状を送ったところ、数人から声を掛けていただくことができました。おかげさまで独立後は、比較的スムーズに始動することができました。

しばらくするとコンサルティングの依頼も増えてきたので、社員を雇うのではなく、業務委託の形でフリーランスのコンサルタントに仕事をお願いすることにしました。

その後は、業務を委託する人を増やすと同時に社員も雇用して、会社が大きくなっていったわけです。

クライアントからの依頼が増えてくる中で思い付いたことがあります。

業務を委託するコンサルタントは、基本的にフリーランスで働いている人になります。そこで、わが社ではキャパシティーの関係から受けきれないコンサルティングの案件を、そうしたフリーランスのコンサルタントにお願いしてしまおうと考えたのです。

わが社が仕事を受けるのではなく、フリーランスのコンサルタントに仕事を紹介する。つまり、**フリーランスで働く人に仕事を仲介し、人材を供給することを自社の業務にする**わけです。

独立して1年後くらいに、このビジネスをスタートしました。

これは「コンサルポータル」という名称で事業展開しています。現在、フリーランスのコンサルタントの登録会員が約２０００名います。

コンサルタントになるのに、特別な資格は必要ありません。私のようにコンサルティング会社勤務を経て、フリーランスのコンサルタントになる人も多くいます。あるいは、自分が身に付けた豊富な専門的知識や経験を武器に、独立してコンサルタントになる人もいます。

そのため日本には、フリーランスのコンサルタントは一般の方が想像する以上に多くいます。ただ、フリーランスのコンサルタントが全員、仕事に恵まれているわけではありません。

そういう人に会員登録をしてもらい、わが社の営業スタッフが企業からコンサルティングの案件を受注し、その案件をフリーランスのコンサルタントに斡旋《あっせん》し、仲介手数料をいただくわけです。

いわゆる人材派遣の形のビジネスモデルですが、特徴としては、おそらく「**日本で一番高単価の仕事の提供**」**を行っている**ことです。大手のコンサルティング会社がクライアントから受注する案件は高単価な仕事になると前述しましたが、フリーランスに依頼するコンサルティング案件にも高額な仕事が多くあるのです。

フリーランスのコンサルタントにはわが社から仕事の報酬を支払うのですが、高額の人だと月に200万円以上になることもあります。

そのように月に200万円以上稼いでいる人も、以前は会社に勤めていて、その頃は月給が50万円くらいだったのです。つまり、フリーランスで働くことで月収が4倍以上にアップ！　まさに会員に夢を与えることのできるビジネスになっています。

おかげで、「コンサルポータル」会員の登録数は順調に伸びています。

ただし、企業から依頼されるコンサルティングの案件となかなかマッチングしないフリーランサーもいます。

その原因は大きく、「マインド」と「スキル」の2点に問題があります。そこで、わが社で**「マインドセット」「スキルセット」という教育も行っています。**

マインドセットは、いわば社会人として基本的に身に付けておくべきルールの徹底です。時間厳守や日常のあいさつから始まり、仕事に対するプロ意識（期日までに仕事を仕上げるなど）をしっかり自覚してもらいます。

スキルセットは、ロジカルシンキングなどコンサルタント業界で必要な専門的なテクニックやスキルの習得となります。

この2つの教育をメニュー化して、会員登録してもらった人に無償で研修を行っています。これには競合他社との差別化という狙いもあります。

それにより登録会員数をさらに増やし、レベルの高いコンサルタントを仲介することでクライアントからの信頼を得て、案件の受注増につなげたいと考えています。

クールワーカーズへの道 ②

趣味を副業に ………………………… 英　語

英語が得意な人には、在宅で可能な副業があります。

現在、副業で可能な仕事として出回っているのは、翻訳の件数が圧倒的に多いので、ここから始めてみるのがいいでしょう。

翻訳の仕事はクラウドソーシングのサイトでも多く扱われているため、自分に合ったものを探しやすいです。また、英語力をそのまま生かせるので手軽に始められます。

ただし、翻訳では TOEIC の点数などよりも実績が重視されることが多いため、未経験でもできる仕事があれば、最初は単価が安くとも経験を積むために積極的にやっていきましょう。

翻訳の仕事には、「記事・書籍の翻訳」や「海外向け HP やパンフレット等の翻訳」などがあります。

そのほかに英語力が生かせる副業としては下記があります。

- **海外電話連絡**　Skype で海外の会社へ連絡して項目に沿って聞きながら記録する。
- **海外メール対応**　海外からの問い合わせに英語で返答する。
- **英文添削**　ネイティブチェックとも言われる英文が正しく表現できているかの添削や文章校正、講師として生徒の英文を添削するなど。

英語を生かした副業のメリットは、自分の英語力にさらに磨きをかけられることです。自分の現在の英語力に合った仕事から始めてステップアップしていけば、副業の効率が上がるだけでなく、本業でも活躍の場が増えるはずです。

これから仕事で日本を訪れる外国人がますます増えていく見込みですし、逆に日本人が海外で仕事をする機会も増えていきます。

英語に自信のある人は、在宅で勉強も兼ねて副収入を得ることができる仕事を始めてみてはいかがでしょうか。

第3章

クールワーカーズが集う「コミュニティー」作り

1 「仕事」と「コミュニティーの場」を提供する

「コンサルポータル」によるフリーランスへの仕事提供と並んで、わが社が展開しているビジネスに「コワーキングスペースの運営」があります。

コワーキングスペースはカフェよりも、もう少しオフィス寄りの仕事をするためのスペースになっています。シェアオフィスのように自分が使う場所は決められておらず、そのときに空いている席で仕事を行い、使用時間に応じて料金を支払います。

わが社が運営しているコワーキングスペースは仕事をする場ですが、**仕事をするだけでなく「コミュニティーの場」になっている**ことに特長があります。その点が、カフェで仕事をすることとの大きな違いになります。

フリーランスとして新しい働き方を目指す人たちが必要とするのは、まず「仕事」です。その次が「コミュニティー」になると思います。

わが社は、「仕事」をコンサルポータルで提供し、「コミュニティーの場」としてコワーキングスペースを提供しているわけです。

この2つのサービスの提供により、フリーランスとして働くことへの不安や心配を減らし、ワクワク働くことをサポートしています。

本章では、まだ日本ではなじみの薄いコワーキングスペースを紹介し、その活用法をアドバイスします。

2 「コワーキングスペース」の運営も始める

コンサルティング会社からの独立後、しばらくして「コンサルポータル」の運営をスタートしたのですが、実は、私が始めた頃と前後して、同じようなサービスを提供する会社が2～3社出てきました。

たまたま同じ時期に誕生したのですが、社会環境がそうしたサービスを必要としていたのかもしれません。

最初はみんな、同業者として市場を大きくしたいという思いもあり、情報交換などを行って仲良くしていました。しかし、そのうち各社のビジネス規模が大きくなってくると、互いを競争相手として意識する傾向が強くなってきました。

そのときに私は考えました。

「そもそもフリーランサーは、私が外資系企業で経験したような環境で仕事をしている。自宅のほかにオフィスを持たない人も多い。自分の好きな時間、好きな場所で働くことができる。問われるのは成果だけ。常に成果ベースで仕事をしている。

そんなフリーランスで働く人が求めているサービスとは何か？　自宅以外に仕事ができる場所を持っていないので、仕事をする場所を提供してみたらどうだろうか」

そうした思い付きから、「コワーキングスペース」を運営するビジネスをスタートしました。２０１４年のことです。

コンサルタントにかぎらず、フリーランスで働く人すべてに向けたサービスの提供ですが、自分が外資系企業で体験した驚き（サテライトオフィスの便利さ）を踏まえてのビジネス展開です。

いつまでも奴隷のように会社に縛られて働くのではなく、**もっと自由な働き方をする人が1人でも増えたらいいな**という思いも込めて、コワーキングスペースのサービスを始めたのです。

当時は、まだコワーキングスペースという言葉もほとんど知られておらず、都内でもそれに該当する店舗は少ししかありませんでした。そういう意味では、先駆け的な存在であったと思います。

同じようなサービスを提供している店にも行ってみたのですが、ビジネスモデルとして参考にする店舗はほとんどありませんでした。

そこで、海外の事例も調べました。後で紹介するWeWork社の創業は2010年ですが、当時はまだ爆発的に拡大するところまで成長しておらず、業界の中でも知っている人は知っている程度のポジションにありました。

3 コワーキングスペースのサービス内容

わが社のコワーキングスペースは「Basis Point（ベーシスポイント）」という名称です。2018年7月現在で新橋、五反田、神保町、池袋、汐留の5店舗があります。汐留は貸スペースのみの提供ですが、ほかの4店舗はコワーキングスペースに貸会議室も併設されています。

コワーキングスペースは、フリーランスで働く人だけでなく、会社員や学生、主婦など、どなたにも利用いただけるスペースです。1人で仕事をするときだけではなく、チームでミーティングするときなどにも便利なスペースを提供しています。

利用には会員登録が必要ですが、利用したいときに一時的に使うことのできる「ドロップイン会員」（登録料は無料）と、終日利用できるフルタイムプランや平日のみ利用できるプランなど複数のプランが用意された「月額会員」（入会金が必要）の2種類の会員プランがあります。

ドロップイン会員は、予約は不要で好きなときに好きな時間だけ共有スペースを利用でき、料金は1時間600円（税別）程度です。また、利用開始時に2000円（税別）を支払えば、その日は終日利用することができます（より詳細な料金設定もされています）。

利用頻度の高い人向けの月額会員のプランもあります。

営業時間は平日が8時から22時、土日祝日が10時から22時です。

電源とWi-Fiは自由、コピーやドリンクサーバーのサービスもあります。

飲食は、匂いなどがほかの人の迷惑にならなければOKです。同様に、携帯電話もほかの人の迷惑にならない程度の声なら問題ありません。

会議室は広さに応じて料金が決められていて、1時間単位で利用できます（最大料金なし）。

2018年中にはあと5店舗を増やし、最低10店舗にしたいと考えています。

4 世界一のワーキングスペース運営会社

81ページでも名前を出しましたが、WeWorkというコワーキングスペースを運営している会社は、2010年にニューヨークで創業され、いまでは欧米やアジアなど世界15カ国、49都市に160近くの拠点を展開しています。

会員数は約13万人で、アメリカのメディアによると現在の時価総額は200億ドル（約2兆円以上）とされています。創業から8年程度でそこまで成長したのです。

コワーキングスペースのメインの利用者といえば、フリーランスで働く人やこれからビジネスを大きくすることを夢見る若いベンチャー起業家たちが思い浮かぶでしょう。

ひとつ興味深い指標があります。

第1章
第2章
第3章
第4章
第5章
第6章

２０１６年時点、アメリカでは全労働人口の35％に当たる約５５００万人がフリーランスとして働いていて、フリーランス全体の収入は、年間で何と約１兆ドル（約１１０兆円以上）にもなっているのです。しかも２０２０年には、労働人口の50％以上がフリーランスになるという試算もされています（NewSphere「２０２０年には米国の労働人口の半分がフリーランスになる見込み」より）。

そうした背景から、アメリカでもコワーキングスペースの需要は今後、さらに伸びると考えられ、WeWorkも注目を集める企業の１つとなっているのです。

投資や不動産業界に詳しい人なら、「おや、それだけで注目の企業になるかな？」と気付くかもしれません。

WeWorkは、コワーキングスペースを運営しているという理由だけで、時価総額２兆円以上の評価を得ているのではありません。

コワーキングスペースと比較的近いビジネスモデルとして、レンタルオフィスがあります。欧米やアジアなどの世界１２０カ国、９００都市で３０００拠点を展開する世界最大のレンタルオフィスの会社に、Regus（リージャス）があります（日本法人もあり）。しかし、この企業の時価総額は３０００億円程度なのです。

それでは、なぜWeWorkの時価総額がこんなにも高くなっているのでしょうか。「WIRED」誌に、創業者たちの考えが次のように紹介されています（「WIRED」日本版VOL.24より）。

彼らは空間の価値を、若い起業家たちが支持するようなブランドとして創出したいと考えた。人間工学に基づくオフィス用品を並べた味気ないロフトスペースを提供するのでは、コワーキング・スペースの「ブランド」にはならない。「新しいデスクの写真を撮ってInstagramに載せたい、と思わせる場所でなければならない」とマケルヴィは語る。つまり、WeWorkの創業者たちは自分たちのことを単なる『大家さん』だとは思っていない。幼少時代をイスラエルの集団共同体キブツで過ごしたニューマンは、以前『Bloomberg Businessweek』のなかで、自分は「クリエイターのためのコミュニティーを構築している」と語っている。

彼らの行っているビジネスが、短期的にオフィスを貸し出す、いわゆる貸スペース業であることは間違いありません。

ただし、それにとどまらず、オシャレな内装にこだわったスペースを作ることや、その場に集まる**フリーランスや起業家同士のコミュニティーを育てることに、大きな力を入れていった**のです。

そうした空間作りは、フリーランスや起業家の多いアメリカの都市圏で大いに歓迎されました。現在では、サンフランシスコやニューヨークをはじめアメリカの21都市で展開され、さらにはパリ、ロンドンなどアメリカ以外の多くの都市で展開するまでになっているのです。

WeWorkが何よりもすごいのは、**グローバルなネットワークを作り上げている**ことです。世界に13万人の会員がいて、会員になればその人たちとつながることができるのです。

5 2018年、黒船来襲！

実は、WeWorkのビジネスモデルは、わが社が展開しているBasis Pointとは少し異なります。WeWorkの店舗は共有スペースよりも、専用デスクのスペースや個室がメインになっているのです。そのため、フリーランスなどの個人事業主というよりも、スモールビジネスを手掛けている少人数のグループやスタートアップの段階にあるベンチャー企業向きといえるかもしれません。

専用のデスクがオープンエリアに用意されており、いつでも同じデスクで仕事をすることができます。ほかにも料金は高くなりますが、壁で囲まれた個室を借りることもできます。シェアオフィスには個室型がなかったので、WeWorkのこのスタイルが歓迎されたのです。

専用デスクや個室を借りれば、もちろん共有スペースの利用も可能です。

ただし、壁で仕切られた個室を借りると最低でも月額20万円程度が必要です。日本で考えるとかなり高額になってしまいますが、これはアメリカのビジネス街の家賃事情も関係しています。ニューヨークなどは、東京と比べても家賃がかなり高額なのです。

そのため、起業したばかりの少人数のベンチャー企業などにとって、WeWorkは金銭面でありがたい存在であり、しかも共有スペースでは情報交換もできるというメリットもあります。

イメージとしては、**WeWorkが月極駐車場で、コワーキングスペースを時間貸し駐車場に例えると理解しやすいでしょう。**時間貸し駐車場も1日の最大料金が設定されていますからね。

そして、このWeWorkがソフトバンクグループと合弁で２０１８年から日本で事業を開始、店舗展開をスタートしました。ソフトバンクとソフトバンク・ビジョン・ファンドが、WeWorkに累積総額44億ドル（約４８００億円）を出資するのです。

わが社にとっては、まさに「黒船来襲！」です。

２０１7年7月18日に次のような発表が行われました。

「ソフトバンクグループとWeWorkは、クリエイター、起業家、中小企業や大手多国籍企業などあらゆる規模の企業へワークスペース、コミュニティー、サービスを提供する革新的なプラットフォームを日本に導入するための合弁会社WeWork Japanを設立することをお知らせします。

ソフトバンクグループとWeWorkは本合弁会社へ50％ずつ出資します。WeWorkはその13万人以上ものメンバーを、革新的で成長を続ける日本市場へつなぐことで、同社のグローバル・コミュニティーを拡大していきます」

WeWorkは欧米だけでなくアジアでも、すでに上海に4店舗、ソウル、シンガポール、香港にも店舗があり、もうすぐそこまで来ていました。ある意味、最後の未開拓地が日本だったともいえます。

ただ私は、WeWorkがアメリカやヨーロッパで成功しているシステムをそのまま日本で展開しても、成功できるとはかぎらないと考えています。

なぜなら、欧米と比べると、日本社会や日本人の働き方に独特な特徴があるからです。

まず、WeWorkの店舗は、わが社の運営しているBasis Pointの10倍くらいの広さがあります。圧倒的に広いのです。その理由は、メインとなる壁で囲まれた個室と専用デスクのスペースがかなりの面積を占めるからです。

3人から5人くらいが働くことのできる個室や専用デスクのスペースを借りるのは、ベンチャー企業を立ち上げたばかりの人たちやスタートアップの会社などです。いわば、ベンチャー企業を立ち上げた人たちに壁で仕切られたシェアオフィスや専用デスクを貸しているというイメージです。

シェアオフィスにオープンスペースが併設されていて、そこではシェアオフィスを借りている入居者がほかの入居者ともコミュニケーションを取ることができるようになっています。

そして、会員同士がつながることのできるネットワークが構築されています。このネットワークにより、13万人に達する全世界の会員とつながることができることも、WeWorkの大きな魅力になっています。

WeWorkの日本でのサービス内容は、「カスタム・ビルドアウト」（50～500人以上の企業向け）、「プライベートオフィス」（11～100人以上の企業）、「専用デスク」（スタートアップや小規模の企業）、「ホットデスク」（リモートワーカーやパートタイムワーカー）の4タイプが用意されています。

2018年2月、六本木に第1号のオフィスが開設されました。「ホットデスク」が月に6万8000円、「プライベートオフィス」は1席が月に12万9000円となっています。

その後、丸の内、銀座、新橋、日比谷、渋谷にも開設されました。2018年末までには、東京以外の都市にも進出する計画があるようです。

6 会社や自宅以外に仕事のできる場所を求める声が急増している

WeWork のビジネス展開は大いに参考になりますが、いまの日本の状況も見てみましょう。

例えばスターバックスに入ると、学生ではない大人たちがパソコンを広げて仕事をしているのをよく見掛けます。特に、ここ数年でものすごく増えたと感じます。

以前から喫茶店でビジネスの商談や打ち合わせをしているのはよく見掛ける光景でしたが、カフェなどで1人で黙々と仕事をする人たちを多く見掛けるようになったのは、この5、6年のことではないでしょうか。

私は、オフィス街にあるスターバックスで1日に出入りしている人数を調べたことがあります。何と1日で延べ800人も出入りしていました。

場所がオフィス街ということもあり、パソコンやタブレットで仕事をしていると思われる人の数も、数えてはいませんがかなり目につきました。

このことからも、フリーランスにかぎらず、スタートアップ企業などの若手起業家、コンサルタント、プログラマーなど働く場所を限定されないで仕事をしている人は日本でも、特に東京では相当な数がいると考えられます。

いまの日本にはもう1つ、特有の事情があります。それは、政府による「働き方改革」の推進で、**企業では残業が厳しく制限されつつある**ことです。

社内で残業することができないとしたら、どこで仕事をするのか。家に持ち帰るという選択もあるでしょうが、家ではリラックスしたいという人もいます。

帰宅途中の駅の近くに、気軽にパソコンを使って仕事のできるスペースがあれば、使い勝手はよいはずです。

つまり、フリーランサーだけでなく、週末起業家、仕事帰りの残業など、場所や時間にとらわれない働き方をする人が、今後はさらに増えてくる可能性が高いのです。

ある程度の時間、外で仕事をするとなると、これまではスターバックスなどのカフェかホテルのラウンジしかありませんでした。

ホテルのラウンジはコーヒー1杯が1000円以上しますし、ホテルは必ずしも駅に近い便利な場所にあるとはかぎりません。

それに、カフェもホテルのラウンジも、仕事をすることを前提として作られた空間ではありません。休憩したり、人と話をすることがメインの目的となります。

一方、**コワーキングスペースは、その場で仕事をする人の利便性や快適性を追求してデザインされています**。場所や時間にとらわれない働き方をする人が、コワーキングスペースを選択する可能性は高いでしょう。


また、コワーキングスペースの運営を行っていて気付いたことがあります。

それは、フリーランスや若手起業家は自由にストレスなく使える快適な場所を求めていること、しかもそこへ来ることでモチベーションが上がるような場を求めているということ。さらには、人と人とがつながるコミュニティーの場を求めていることです。

そのような場を目指して作られているのがWeWorkであり、わが社のBasis Pointでもあるのです。

WeWorkのことを「黒船来襲」と表現しましたが、ポジティブに考えれば、わが社が行っている方向が間違っていなかったことを証明しているわけです。

Basis Pointのビジネスには3つの柱があります。

①フリーランスへの仕事提供

「コンサルポータル」の運営で得たノウハウをもとに、Basis Pointでも職種を広げてフリーランスと企業のマッチングを行い、「契約関係で働くこと」を実現するサービスの提供を始めています。

②ワークスペースの提供

カフェよりも、もう少しオフィス寄りで、仕事をするためのスペースがコワーキングスペースです。仕事をすることが目的なので仕事に集中できるスペースになっています。

③コミュニティー作り

「クールワーカーズ」として、新しい働き方を目指す人たちが必要とするものは、まず「仕事」です。その次が「仕事をする場」となります。Basis Pointは、さらに情報を収集したり、交換できる「コミュニティーの場」となっています。

フリーランスとして独立するに当たり、税金や法律面で心配や疑問がある人には、Basis Pointを通じて士業の専門家との接点を作ったり、起業をサポートするセミナーを開催することでアドバイスを行っています。

①フリーランスへの仕事提供
②ワークスペースの提供
③コミュニティー作り

この3つの方法で、「クールワーカーズ」という新しい価値観を根付かせ、多くのフリーランサーや起業家、副業をする人たちが不安なく働くことのできるインフラを充実させていきたいと思っています。

クールワーカーズへの道 ③

趣味を副業に ……………………… 動画編集・プラモデル

どんな趣味でも副業になる――そう考えてもいいと思います。

ただし、副業としてお金を稼ぐためには、頂戴するお金に引き合うものを相手に提供する必要があります。お金をもらう以上、「プロという自覚」が求められることを忘れてはいけません。

例えば、子どもの運動会や家族旅行で撮影した映像（動画）を、パソコンソフトでBGMをつけて編集することが趣味だとします。それなら、オンライン講座などでソフトの使い方を習得したり、YouTubeにアップされている動画編集のコツを参考にして、スキルアップを図ってみてください。

自作の動画をYouTubeにアップしてみるのも面白いですし、自信がついたらコンテストに応募するのもいいでしょう。入賞することができれば、副業につながる可能性は高まります。

また、友人のイベント（結婚式やパーティー）などの動画編集を手伝っていると、どこかでつながって仕事がもらえることもあります。楽しみながらスキルアップをしていきましょう。

もう1つ、プラモデル作りを副業にすることもできます。

これには、プラモデルのキットを預かって注文主の好みの通りに仕上げる「プラモデル制作代行」と、自分でキットを買ってきて自分が思うように制作したプラモデルの完成品を売る「プラモデル完成品販売」があります。

最初は、プラモデルを制作している様子を写真に撮りながら、完成に至るまでの工程をまとめてHPやSNSにアップすることがスタートとなります。それを地道に続けていくことで、ネットで完成品を販売したり、制作代行を受け付けることを目指します。

このように、どんな趣味でも副業にすることはできるのです。

第4章

「クールワーカーズ」の理想と現実

1 フリーランスになるのは不安が……

働き方が多様化していく中、私が本書で提唱したいのは「クールワーカーズ」――時間と場所に縛られず、自分の専門性を売って稼ぐことのできる働き方です。

「そう言われても、自分にもできるのか?」

そんな疑問を感じる人も多いでしょう。

しかし、すでに「**自分のやりたい仕事を、自分の望む場所で行い、より多くの報酬を得ている人」はたくさんいます**。それを実現するにはクリアすべき課題もいろいろありますが、前に進む気持ちさえあれば誰にでも可能なのです。

「満員電車に乗りたくないので、フリーランスになりたい」

そう思っている人もいることでしょう。思っているだけでは夢は実現しません。フリーランスの実態を知ることで、夢に一歩近づけるはずです。

「フリーランスで仕事をしたいけれど、仕事がもらえるのか不安だし、収入も不安定そう」

そんな不安を感じる人も多いでしょう。しかし、そうした課題をクリアして定期的に仕事がもらえる仕組みを作っている人がいることを知れば、前に進めるはずです。

「子育てしながらでは仕事ができない」

そう思って諦める必要はありません。子育てをしながら自分の時間をうまく使ってフリーランスで仕事をしている女性は多くいるのです。

そこで本章は、フリーランスで働くことに対して多くの人が抱く疑問や不安に答え、安心して一歩が踏み出せるよう私なりのアドバイスをします。

2 フリーランスの実態は?

日本アプライドリサーチ研究所が中小企業庁の委託により行った「平成26（2014）年度　小規模企業等の実態把握調査」から、平均的なフリーランス像を紹介しましょう。

1　勤務時間

時間や場所に縛られない自由さがフリーランスの魅力ですが、休日は不定休で、1日の労働時間は平均値で7・14時間と一般のサラリーマン並みです。

2　勤務場所

仕事をする場所は自宅が大半です（85・8％）。自宅で仕事をする場合、仕事が立て込んでくると1週間、家から一歩も出ていないということもあるかもしれません。

自宅を職場とすることで、通勤時間や通勤ストレスのない生活を送りやすいというメリットもありますが、仕事とプライベートの境界があいまいになるというデメリットもあります。

3　収入

フリーランスの1年間の売上は300万円未満（56・4％）と、国税庁調査による非正規社員の平均年収170万円を上回ってはいるものの、給与所得者の平均年収415万円を下回る人も多いようです。

4　満足度

仕事の自由度や裁量の高さ（大変満足＋満足／72・6％）や仕事の内容ややりがい（大変満足＋満足／64・7％）、生活（プライベート）との両立（大変満足＋満足／62・3％）には満足しています。

一方、収入（大変不満＋不満／51・2％）についてては不満があるようです。

しかし、全体としてフリーランスという働き方には満足（大変満足＋満足／50・8％）していて、金銭だけでは測れない価値に魅力を感じています。

多くのフリーランスにとって1週間というサイクルはあまり関係なく、収入面を除いては現状にかなり満足しているようです。

何より大事な点は、「全体として**フリーランスという働き方には満足している**」ことです。多くのサラリーマンが日々ストレスをため込んでいることを考えると、フリーランスはとても魅力的な働き方であると私は思います。

3 フリーランスとして働く人が多い職種は？

フリーランスとは特定の会社などの組織に所属せず、個人で仕事をしていくスタイルです。どんな仕事でもフリーランスになることはできますが、フリーランスとして活躍しやすい職種もあります。

フリーランスに合っているのは、「個人の能力や専門性が重視される創作に関わる仕事」「高い技術力が必要なエンジニア」「専門能力が必要な翻訳などの仕事」といえるでしょう。

フリーランスとして仕事をしていくには、個人の能力を磨いていくことが成功の秘訣《ひけつ》になります。高い専門性やスキルを生かしながら、自分にしかできないような仕事をしていくことが高収入につながります。

以下の職種は、フリーランスとして活躍しやすいといえます。

1 Ｗｅｂデザイナー

Ｗｅｂデザイナーはホームページや企業サイトのデザインをします。ただ見やすいサイトを作るだけではなく、見る人が利用しやすいデザインであったり、アクセスアップに配慮したデザインのできるＷｅｂデザイナーは需要が高くなっています。

Ｗｅｂデザインの分野は、組織としてＷｅｂデザインを行っている会社もありますが、やはり個人の能力が重視されます。会社に勤めながら人脈を作り、Ｗｅｂデザイナーとして独立する人も多いようです。

2　グラフィック、ロゴ作成のデザイナー

グラフィックデザイナーやロゴ作成のデザイナーも、フリーランスで活躍する人がたくさんいます。イラストレーターの中にも、Ｗｅｂ関係のグラフィックやロゴを作成することを仕事にしている人もいます。

グラフィックデザイナーやイラストレーターはＷｅｂ関係の仕事だけでなく、ポスター、チラシ、カタログなどのデザインも仕事にできます。企業内にもデザイナーはいますが、企業がデザインを外注することも多いので、人脈があれば大きな仕事が回ってくることもあり、やりがいのある職種といえます。

3 Webライター

Web関係の仕事には、デザインだけでなく記事を作成する仕事もたくさんあります。しかし、誰でも書くことができるような文章しか作成できなかったり、文章作成能力がなかったりすると、安い報酬の仕事しか見つけることができません。

Webライターとして仕事をしていくためには、特定の分野の専門知識や高い文章作成能力が必要になります。

4 エンジニア

エンジニアも個人の専門能力が必要なので、フリーランスとして仕事をしやすい分野です。企業から発注される仕事を請け負うだけでなく、自分でソフトやアプリを開発して売る仕事をすることもできます。

エンジニアの中でも需要が多いのは、やはりWeb関係のエンジニアです。Webアプリケーションを構築できるエンジニアには多くの仕事があります。

一方、サーバーやネットワーク設計といったインフラを取り扱うエンジニアは需要がないわけではありませんが、既存の会社に依頼することが多いので、フリーランスとしての仕事はあまり多くないようです。

エンジニアには、ほかにもゲームエンジニア、サーバーエンジニアなどの種類があり、プロジェクトの進行を管理していくプロジェクトマネジャーといった仕事もあります。

5　カメラマン

カメラマンもフリーランスとして活躍しやすい職種です。

カメラマンは、一昔前は機材にお金がかかり、フリーランスとして活躍するのに資金力が必要でした。いまは安くて性能のよい機材があり、スマホで撮ったようなデジタル写真の需要も多くなっているので、少ない資金で仕事を始めやすくなっていることも、フリーランスのカメラマンが多い要因となっています。

6　その他

ほかにもフリーランスとして翻訳、コピーライティング、キャラクターデザインなどの仕事で活躍している人が多くいます。また、作曲家や演奏家などの音楽関係の分野も、フリーランスとして活躍しやすい分野といえます。

さらに、フリーランスとしてイメージしにくい美容師、保育士、看護師などの分野でも特定の組織に所属しないで、フリーランスとして仕事を組み合わせることで活躍している人もいます。

4 フリーランスになった理由は？

1 勤務時間、拘束時間の調整ができる

フリーランスになった理由として、勤務時間の悩みを挙げる人が多くいます。

Aさんは会社勤務でエンジニアとして仕事をしていて、残業時間が長く、休日出勤も当たり前。周りの友人は余暇を楽しんでいるのに、自分はそんな時間を持つことができず、会社勤務を続けることに疑問を感じ、フリーランスになりました。

エンジニアとしての知識や経験はあったものの、フリーランスとして仕事をしていくための知識などはほとんどなし。そのため、ネットで調べたり、セミナーに出席するなどして、会社を辞めてから勉強しました。

フリーランスのエンジニアとして活躍するAさんは、時間の調整ができるフリーランス

がいいと思って会社を辞め、いまでは自分に合ったスケジュールをこなすことで生き生きと仕事をしています。

2　自分の好きな方法で仕事ができる

会社の仕事のやり方に納得できず、フリーランスとして独立する人もたくさんいます。

Bさんは大手の塾講師をしていましたが、多くの生徒をまとめて教えなければならず、一人ひとりと向き合って教えることができませんでした。しかも講師用のマニュアルどおりに教えることが求められ、塾の実績作りのため成績の悪い生徒は切り捨てていく方式です。

成績の悪い生徒でも、その生徒に合った方法で指導したいというBさんの希望する指導方法は、その塾では受け入れてもらえませんでした。そんなとき、フリーランスの家庭教師として個別に指導をする方法があることを知りました。いまでは塾講師はバイトにとどめ、フリーランスでの家庭教師を本業にしています。

成績を上げたい、努力もしたい。でも、その方法が分からないという生徒と一緒に問題点を見つけ、解決していくことで劇的に成績がアップする場合があります。一緒に喜ぶことができ、とてもやりがいがあると言います。

フリーランスの人気家庭教師として活躍するBさんは、自分の思う指導方法を実践したいという思いからフリーランスになりました。組織のマニュアルに縛られず、自分の好きな方法で仕事ができるというのはフリーランスのいいところです。

3　個人事業主として開業したかった

最初から個人で事業をしていきたいという思いがあり、開業を目指して計画的に経験を積んで独立する人もいます。

Cさんは、もともと喫茶店の経営に憧れていました。しかし、喫茶店経営には資金が必要ですし、経験もありません。そこで、まずは飲食店をいくつか掛け持ちし、仕事のノウハウを学びました。

バイトをしていた飲食店の経営者に自分の喫茶店のアイデアを話したところ、気に入ってもらうことができ、開業当初の支援もしてくれました。いまでは経営も順調で、2店目も考えているそうです。

個人事業主として喫茶店を経営するCさんは、フリーランスとして働くために経験を積んで努力をしてきました。自分のアイデアでお店を経営したいという人にとって、個人事業主というワークスタイルはピッタリなのです。

4　出産、子育てのため会社を辞めざるを得なかった

女性に多いのが出産、子育てを理由として会社を辞めざるを得なくなり、フリーランスになったというケースです。

Dさんは会社で事務をしていましたが、結婚し、出産と子育てのために会社を辞めました。その会社は長期の産休を取れるような雰囲気ではなく、また拘束時間も長いため、子育てをしながら勤務していくことが難しかったからです。

収入を得るためには何か仕事をしなければならないのですが、子育ての時間を確保できる仕事を探すことが難しく悩んでいたら、フリーランスという働き方があることを知りました。

ホームページを制作したりパソコンでイラストを描くことが好きで、趣味のサイトなどを作っていたのでそれを生かし、クラウドサービスを利用してサイト制作を請け負うことにしました。

子育てをしながらサイト制作、デザインを請け負っているDさんは、スケジュールや仕事の量を調整できるので、今後もフリーランスとして働いていきたいと言います。急に子どもが熱を出したりした場合も、家にいながら仕事ができるフリーランスであれば子どもの世話も仕事も同時にできると喜んでいます。

フリーランスとして活躍している人に話を聞くと、最初から計画的にすべてを用意してフリーランスになった人は少なく、不安がいっぱいでも**とりあえず始めてみて、頑張って仕事をしていくうちに何とかなったという人がほとんど**です。

フリーランスとして仕事をしていく準備がある程度整い、「フリーランスで頑張るぞ！」という覚悟を決めることができたら、あとは仕事をしながら知識や経験を身に付けていくという方法もあるのです。

100％準備を整えなければフリーランスになってはいけない——そんな心配は無用です。

現在、フリーランスとして働く人をサポートするサービスはいろいろあります。時代はどんどん変わっていることを忘れないでください。

5 フリーランスのデメリットや注意点は？

フリーランスのデメリットを理解しておかないと、後で苦しい思いをすることになるので注意しましょう。

1 収入が保証されていない

会社勤めであれば、どんなに会社が暇であっても最低限の収入は保証されています。しかしフリーランスの場合は、仕事がなければ1円にもなりませんから、とにかく仕事を探し回らなければならないという問題があります。

フリーランスは好きに働くことができて自由が多いと思いがちですが、それはあくまでも仕事がある場合の話です。年中無休で働き通しているフリーランサーも珍しくありません。

数時間程度で一般のサラリーマンの数日分を稼げるのも魅力ですが、稼げない人はわずかな収入にしかならないこともあるのです。

2　自分で税金を納める

大きく稼いだ年は、それだけ多くの税金を納めることになります。毎年1000万円ずつ10年稼ぐのと、1年で1億円稼ぐのは同じ1億円ですが、税金には大きな差が生じます。稼げるときに稼いでおいたとしても、税金の額が大きくなってしまい、苦しいときの余力が残っていないということもあり得るのです。

稼ぎ続けることができれば、自らの頑張りがすべて収入に反映されるという大きな魅力がある一方で、稼ぎ続けることができなければ、常に不安定な生活を送ることになってしまいます。

フリーランスは他人からは非常に魅力的な働き方に見えますが、収入の面から見ると大変なことも多いので、安定した仕事を確保することを考える必要があります。

ただし私の実感としては、はたから見るとフリーランスは大変そうですが、**大変さよりも自由な働き方を楽しんでいる人が多くいます**。時間と場所に縛られないことが、前向きに働くことを可能とするのです。

6 地方在住でも可能か？

インターネットが発達したことで、地方と都市の格差も縮小しつつあります。スキルを身に付ける際も、遠方の専門学校のカリキュラムを自宅でいつでも学ぶこともできます。また、Ｗｅｂ関係の仕事であれば、インターネット上のやりとりで仕事が完結することも多く、地方在住はマイナスになりません。クラウドソーシングにより仕事の募集も行われているので、ネット環境さえ整えられれば何も問題はありません。

7 フリーランスが経験しがちなトラブルは？

会社員であればトラブルに遭遇したとき、会社に蓄積されているさまざまなノウハウや周りの人の助けで、トラブルを乗り越えることができます。しかし、フリーランスは自分で営業から事務までこなし、遭遇するトラブルも自分自身で乗り越えていかなければなりません。

そう聞くと、フリーランスは何もかも自分で考えなければならないと思うかもしれませんが、実はフリーランスが経験しやすいトラブルというものがあるのです。

多くのフリーランスが経験した、代表的なトラブルの事例と効果的な対処方法を紹介するので参考にしてください。

また、先輩フリーランスと情報交換をすれば、トラブルへの対応法やトラブル防止法などもアドバイスしてもらえます。

1　クライアントとの契約に関わるトラブル

フリーランスのAさんは、いつも仕事を受注しているクライアントBの紹介で、クライアントCの仕事を受注しました。クライアントBから仕事を受注するときは、余分に工程がかかった場合は、工程数に応じて追加報酬をもらっています。その場合は納期も長くしてもらいます。

しかし、今回のクライアントCは、工程数が余分にかかっても追加報酬や納期の考慮はありません。Aさんは余分な工程作業をしている間はほかの仕事ができないので、追加報酬がないと困ると思っていたところ、クライアントCから納期中に仕上げてほしいとの連絡がありました。
このようなケースでは、フリーランス側は仕事を請け負う立場なので、無理をして納期に間に合わせ、報酬についても泣き寝入りという結果になることが多いようです。

《対処方法》
このような場合、まずは、例えば追加報酬や納期など、自分の主張したいことをクライアントに伝えるようにしましょう。誠心誠意のメッセージであれば、クライアントも納得してくれることもあります。
また、このようなことがないように、事前の対策として契約書を交わしておくことが大切です。契約書を交わすことができなくても、後から確認できる文書で、契約についてお互いの合意を得ておくようにしましょう。

2　自分のワークスタイルに関わるトラブル

Dさんは、フリーランスを始めたばかりで収入に不安があり、自分のできる範囲いっぱいまで仕事を受注していました。最初はうまく仕事が回っていましたが、あるとき家族が入院して世話をしなければならなくなり、仕事が回らなくなって納期も遅れ、契約が打ち切られてしまいました。

《対処方法》

会社であれば、誰かの仕事の穴はほかの人が埋めることができます。しかし、フリーランスが仕事に穴をあけると収入に直結します。自分自身も仕事を完成できないことで気分が落ち込んでしまいます。そんなときは、どうしたらいいでしょうか。

この場合も、まずはクライアントに誠心誠意、事情を話すことが大切です。事情を話すことで納期を考慮してもらえることもあります。あるいは、今回の仕事はほかの人に回すことになったとしても、誠意が感じられれば、仕事ができるようになったときには良好な関係で仕事を継続していくこともできます。

3　仕事や事務に対する知識についてのトラブル

フリーランスで働く人は自分の本業については詳しくても、営業や事務についてあまり知識がない人もいます。Ｅさんも、Ｗｅｂ制作については専門知識があったのですが、収人の管理や税金についての知識はありませんでした。
自分で作成した確定申告書を税務署に提出したのですが、内容に不備があり、税務署から問い合わせがきました。

《対処方法》
確定申告書の不備は、税務署の相談窓口で相談すると書き方などの指導をしてくれます。まずは税務署に相談するといいでしょう。また、商工会議所などではセミナーが開催されているので、事前対策としてセミナーなどに参加して知識を身に付けるのもいいかもしれません。
フリーランスとしての本業に忙しくて、会計や税務の知識を身に付ける余裕がない人は、税理士などの専門家に会計や確定申告を依頼するという方法もあります。

8 子育てとの両立は可能なの？

女性にとって結婚・出産は大きな問題です。しかし、それをハードルとは考えず、チャンスととらえることで、ワクワクするような働き方も可能になります。

現在、ファイナンシャルプランナーとして活躍するFさんは、結婚と同時に勤務先（金融機関）を退社。子どもが産まれ、2歳の誕生日を迎えるまでは専業主婦でした。

子育てに少し余裕ができたので、パートかアルバイト、あるいは在宅の仕事にどんなものがあるか調べても、ピンとくるものはありません。

そこで、金融機関に勤めた経験があることから、ファイナンシャルプランナーの資格を取ることを決めて勉強を始めました。

1年後には資格を取得し、勉強をしているときに知り合ったママさん仲間とも協力して自宅で活動をスタート。そのとき、Fさんは「起業」を意識したそうです。起業といっても会社を立ち上げるのではありません。**会社に雇われるのではなく、自分が好きなことを仕事にして、それで収入を得る**ことができるという意味です。

初めは知り合いや口コミが中心でしたが、少しずつお客さまも増えてきたそうです。もっと集客に力を入れようと、簡単にホームページが作れるソフトを買ってやってみたけれど、うまくいかない。そこで、SNSの活用法を教えるセミナーに参加して実践したところ、集客力がまるで違ったとのこと。

現在は弁護士、司法書士、税理士、行政書士、社会保険労務士、不動産コンサルタント、保険コンサルタントなど、多くの人とネットワークを作って活躍しています。

子どもが幼稚園に通っているうちは子どもの都合を優先させて、それ以外の時間を仕事に充てたそうです。このように自分の働き方を、**子どもや家族に負担が掛からないよう、自分で仕事の時間を決めることをFさんは「ママさん起業」**と言っています。

「ママさん起業」は、まず子どもの世話を含めた家族との生活があり、その中で空いた時間を仕事に充てることができるため、生活の基盤を崩す心配はなかったそうです。

収入に関しては、自分が望む金額に応じて仕事量を調整することも可能で、もう少し収入を増やそうと思えば、自分で仕事を作って増やしていけばいいのです。夏休みで子どもとの時間が必要ならば、その時期は仕事を少なくすることもできます。

ただし、**家族、特にご主人の理解と協力は不可欠**で、2人でよく話し合ったそうです。そして、「土日はできるだけ仕事は入れない。入れても月に2日だけ」というルールを決めました。

子育てをしながら、自分で働く時間を決めて、自分が得意なことや好きなことを仕事にする。初めは収入が少なくても、仕事を楽しみながら将来への糧とする。そんな「ママさん起業」という選択肢もあります。

9 フリーランスになる前に用意しておきたいモノは？

1 クレジットカード

1つ目はクレジットカードです。フリーランスになると社会的な肩書は「自営業」になるため、新しくクレジットカードを作ったり、ローンの審査に通ることが難しくなります。特にネット関係の支払いではクレジットカードをよく使いますから、必ず用意しておきましょう。

各種ローンは、金融機関に信頼してもらえるだけの収入と履歴がたまるまでの間は我慢するか、あるいは独立前に必要なローンは契約して、しばらく返済しているという実績を作ってからフリーランスになったほうがいいかもしれません。

2 貯金

次に貯金です。これは事業を始めるに当たっての事業性資金、事業を続けるための資金、収入がない間の生活費、余剰資金となるものです。

経済的にある程度余裕がある状態でフリーランスを始めることで、焦って安い単価の仕事に関わったり、嫌な仕事をしなくてはならないことを防げます。また、営業をかけたりする余裕も出てくるでしょう。

自分で負担することになる年金や健康保険料、税金なども計算しておき、その分を貯蓄しておきましょう。

3 名刺

名刺は必ず準備しておきます。名刺はいろいろな人に配る自己紹介アイテムで、自分の仕事の実績を紹介したり、さまざまなアプローチを行うツールになります。

あまり高価な名刺を準備する必要はありません。自分でデザインすれば数千円で作成が可能です。

10 仕事を継続させるためのスキルは？

フリーランスの収入が不安定になる理由は、クライアントからもらえる仕事の量にバラツキがあるからです。休む暇がないほど忙しい月もあれば、毎日が日曜日というほど暇な日が続くこともあります。

フリーランスで安定した収入を得るためには、クライアントから仕事を継続的にもらえる立場にならなければいけません。しかし、そのためには、漫然と仕事に取り組んでいるだけではいけません。安定した収入を得るためには、自らのスキルを生かしていく必要があります。

仕事を継続させるために大切なスキルとは、主に2つです。

1　仕事に関するスキル

スキルが低いとクライアントを満足させることができず、再び依頼されることはありません。しかし、クライアントを満足させる内容なら、また依頼したいと思わせることができます。そこで、常に現在のスキルを磨いて向上させ、新しいスキルも積極的に身に付けていきましょう。

フリーランスは競争の激しい世界なので、スキルアップを怠るとほかの人に追い抜かれてしまいます。常にスキルを磨き続けることこそ、仕事を継続させる大切なポイントです。

2 コミュニケーション能力

フリーランスとして働いていると、メールだけでクライアントとやりとりすることも珍しくありません。

直接会って打ち合わせをすると、相手の表情を読み取り、コミュニケーションを取ることもできます。しかし、文字だけだとコミュニケーションを取るのが難しく、意思の疎通が図れないことも少なくありません。

また、メールなど文字だけでクライアントと連絡していると、画面の向こうには人がいることを忘れがちです。そのため、マナー違反から信頼を失ってしまうこともあるのです。

フリーランスにとって一番大切なのは、クライアントとの信頼関係です。高いコミュニケーション能力を生かして意思の疎通を図っていれば、強固な信頼関係を築くことができます。そして、信頼関係を築き上げることができれば、継続的に依頼してもらうことができるでしょう。

また、初めての人とも積極的にコミュニケーションできる能力があれば、人脈を次々と広げてさまざまな仕事をもらえるようにもなります。

信頼関係を築けるコミュニケーション能力は、本業の知識や技術よりも重要なスキルといえるほど大切です。

11 どこで営業を行えばいいの？

フリーランスの場合も、やはり以前からのクライアントやその紹介で仕事を探すケースが多く、次いで友人知人からの紹介、同業者や異業者からの紹介で仕事を探しています。

また最近は、フリーランスが仕事を探すことのできるイベントやクラウドソーシングも増えてきました。わが社が運営している「コンサルポータル」のようなサービスを提供している会社もありますので、それらを活用し情報収集を心掛けましょう。

1　セミナー、イベント、コミュニティーへの参加

自分の仕事に関係のあるセミナー、イベント、コミュニティーに参加することで、同業者だけでなく異業者にも会うことができます。同業者はライバルでもありますが、心強い味方にもなります。

また、異業者と知り合うチャンスはなかなかないので、異業種交流会などのイベントに参加するのもいいでしょう。

2　クラウドソーシングの利用

セミナー、イベント、コミュニティーへの参加は名刺を配ったり、自分の仕事の実績をアピールすることで営業活動になりますが、参加することで直接的に仕事が見つかるわけではありません。すぐに仕事を探したい場合は、クラウドソーシングの利用を検討してみてはどうでしょうか。

クラウドソーシングは、簡単にできる案件から難易度の高い案件まで、さまざまな案件が扱われています。最初は安い報酬単価の案件しか請け負うことができないかもしれませんが、案件をこなしていくうちにコツをつかみ、報酬単価の高い案件の依頼も来るように

なるでしょう。

3　エージェントサービスの利用

クラウドソーシングでは継続的な仕事も扱われていますが、中心は単発の案件、短期の案件です。報酬単価も安いことが多くなります。そこで、自分の仕事に適したエージェントサービスがないか探してみましょう。

よいエージェントサービスがある業種と、そうでない業種がありますが、エージェントサービスがある場合は、それを利用することで中長期的な仕事を探すことができ、案件によっては高単価の仕事もあります。また、サポートなどを受けることもできる場合があります。

12　フリーランスが身に付けるべき習慣は？

1　新聞を読もう

ネットニュースはどうしても自分の興味のある分野に偏りがちですが、新聞はさまざまな分野の情報が自然と目に入ってきます。

見出しの位置や大きさ、記事の面積も世の中の関心がどこにあるかを知る重要なバロメーターなのです。新聞を購読することで、世の中の情報を効率よく把握しましょう。

2　情報を発信しよう

どんなに優れたスキルを持っていても、待っているだけでは仕事は来ません。低コストで情報発信ができるブログやＳＮＳはフリーランスにとって重要な営業ツールです。積極的に情報発信をしていきましょう。

3　快適な仕事環境を整えよう

いまではパソコン１つあれば、どこでも仕事ができます。おかげで自宅、カフェ、レンタルオフィス、シェアオフィス、コワーキングスペース……いろいろな場所が仕事場になります。

作業スペースの広さ、セキュリティー、静かさ、いすの座り心地など、人によって最適な環境は異なりますが、働く場所を自由に選べるのがフリーランスの利点です。仕事の効率が上がる最適な仕事環境を見つけましょう。

4　働く時間を決めよう

会社員と違って勤務時間の制約がないフリーランスは、ダラダラ作業で昼夜逆転の生活になったり、仕事とプライベートの切り分けがあいまいになりがちです。

働く時間を決めて時間管理をすることで、仕事への集中力や作業効率が高まり、心と体の健康にもつながります。

5　オンラインサービスを活用しよう

１人で何もかもこなそうとすると、どうしても本業に注力できる時間が減ってしまいます。タスク管理や請求処理、会計処理などを省力化できるＷｅｂサービスを活用したり、単純作業はクラウドソーシングで外部委託するなどし、本業に注力できる時間を増やしましょう。

6　交流会で人脈を広げよう

1人で仕事をすることが多いフリーランスにとって、未知の人と出会える交流会はよい刺激になるとともに、未来のビジネスチャンスにつながります。

交流会に参加したときは、参加後のフォローも大事です。「名刺交換のお礼」などの件名でフォローアップメールを必ず出しましょう。

7　稼働率を調整しよう

体が資本のフリーランスにとっては、肉体面・精神面での体調管理も大事な仕事です。体調管理や未来への投資を考えると、適切な稼働率は60～80％となります。60％以下の作業時間で生活が成り立つようにして、20％は未来への投資。20％はバッファ（余力）とすることが理想です。

8　自分の成果を振り返ろう

フリーランスが受け取る評価は、クライアントの反応がすべてです。

クライアントの反応はいかがでしたか。よい評価をいただけましたか。何が評価されて何を改善すべきだったでしょうか。

フリーランスには評価をしてくれる上司はいません。仕事を納品したらそれで終わりではなく、必ず振り返って次に生かしましょう。

13 フリーランスは年齢の限界があるの？

フリーランスで収入を得て生活をしていくためには、元気で集中して働くことが必要です。その意味では、40代から50代が年齢的には限界といえるでしょう。

しかし、年齢が高くても健康で元気に働くことができれば、フリーランスとして活躍し続けることはできます。つまり、フリーランスで働くには健康が第一ということです。

年齢が高くても、フリーランスとして活躍し続けるための方法はいろいろあります。

1　スタッフを雇う

年齢が高くなると、自分1人で何もかもを行うのは大変になってきます。病気や家族の世話で時間がない場合も、スタッフを雇う形で事業を広げていくことができていれば、自分は経営者としてのスタイルでフリーランスを続けていくことができます。

ただし、スタッフを雇うには資金が必要なので、事業が順調に展開し、スタッフを雇うほうが効率的になっている必要があります。

2　セミナー講師やアドバイザーとして活躍する

自分の専門知識を生かしてフリーランスで仕事をしてきた場合、40代から50代になれば、多くの知識や経験が蓄積されています。これらを生かして、自分で作業をするという方法ではなく、人に教えるという形にシフトしていく方法が考えられます。

例えば、セミナー講師、アドバイザー、コンサルタントとしての仕事が考えられます。

3　常に新しい知識を身に付ける努力をする

フリーランスで仕事をしていく場合、常に最新の情報や技術を得ていく必要があります。特にＩＴ業界は技術の進歩が早いため、最新の情報を取り入れていくことができれば、何歳になっても活躍し続けることが可能です。

ほかの職種でも、年齢が高くなったからといって知識を得ることをやめてしまっては、フリーランスの仕事をしていくことはできません。新しい情報をどんどん得て、新しいことに取り組んでいく姿勢が大切です。

4　健康管理を大切にする

フリーランスで働いていると、自分で時間の調整はできますが、その代わりに休暇という概念はあまりなくなってしまうかもしれません。働けば働くほど収入になるので、休暇なしで働いている人もたくさんいます。また、本当は休暇を取りたいと思っていても仕事が詰まっていて、休暇を取ることができない人もいるでしょう。

フリーランスは、自分自身が資本となります。健康管理ができなければ、フリーランスとして収入を得続けることはできません。なるべく規則正しい生活を心掛け、健康管理を大切にしていくことが、フリーランスとして活躍し続ける上で重要になります。

5　年齢の高さを生かす

フリーランスとして働く若い年齢の人には、仕事に対する意欲や新しいことに取り組もうとする姿勢に、若い年齢なりのよさがあります。しかし、年齢が高くなった場合にも、それなりのよさがあるのです。

例えば、コミュニケーション能力の高さ、豊富な知識や経験といったことが挙げられます。年齢が高い人であれば慎重さを売りにすることもできます。これらの特長は、クライアントからの信頼性にもつながっていきます。

年齢が高い人には、若い年齢の人には真似のできないスキルがあるので、そのよさを生かしていきましょう。

6　クラウドソーシングの利用

クラウドソーシングを利用して仕事を受注する方法であれば、年齢は関係なく、仕事を受注していくことができます。実際に人と会うことなく、インターネット上のやりとりだけでコミュニケーションをしていくため、年齢が高いことを気にする必要はありません。ただし、年齢に関係なく仕事をしていくことができる場なので、年齢が高いからといって有利になるわけではありません。

年齢が高くても、工夫をすればフリーランスとして活躍していくことは可能です。会社員と違って定年退職がないので、自分なりの人生プランを立てることもできます。ただし、フリーランスとしていつまでも活躍し続けるためには、健康管理と自分のスキルアップの努力が必要となるのです。逆に言えば、それができればいつまでも働くことができます。

14 自分だけのスキルを身に付けよう！

フリーランスは、ほかの人にはできない特別なスキルがあればいくらでも稼ぐことができますし、自らの力でお金を稼ぎだすことができるわけです。能力さえあれば誰にも左右されない自由な生き方ができます。

多くのフリーランサーは仕事探しに奔走していますが、そこを乗り越えることができれば、本当の自由を手にすることができます。

自分の希望どおりにワクワクしながら働くことを実現するためには、**専門性の高いスキルを身に付けて、安定した仕事を手に入れることが最も重要になる**のです。

最近は、よく「人生１００年時代」といわれますが、フリーランスとしていくつになっても元気に働くことは、人生の選択肢として十分に検討に値すると私は思っています。

第5章

「自分を売れるフリーランス」になるために

1 「自分のスキルを売る」ということ

プロローグで、日本経済のＧＤＰを維持して労働生産性を上げていくには、労働力の流動性を高める必要があると書きました。それには、雇用関係で働くのではなく契約関係で働く人を増やすことが、その解決策の１つになると思います。

ただし、契約関係で働くためには、**専門的なスキルを身に付けた人が「自分を売る」ことが必要**になります。

例えば「トヨタ自動車で20年間、マーケティングの仕事に携わっていました」という人がいるとします。

この人が身に付けている経験や知識、スキルをそれこそ喉から手が出るほど欲しがっている企業は、ライバルの自動車メーカーだけでなく、異業種でも数多くあると思います。労働力の流動性から見ると、供給より需要のほうがはるかに多いということです。

仮にその人がトヨタで年収８００万円をもらっていたとすれば、その2倍を払ってもその人を雇いたい企業はいっぱいあるでしょう。

ただ現実には、ヘッドハンティングで「年収が2倍になりますよ」という誘いを受けても、その人がトヨタを辞める可能性はかなり低いと思います。

その理由は、自分を育ててくれた会社への恩義などもあるでしょうが、私は「**自分のスキルが売れる」ことを知らない**という側面も大きいと考えます。

私は、世の中のあり方を「自分のスキルを売ることのできる社会」であるべきだと考えています。しかし、多くの日本人は「自分の持っているスキルの価値」を分かっていないのです。

例のトヨタの人にしても、自分のスキルが他社からは宝の山に見えるということが、おそらく分かっていないでしょう。

また、もし自分のスキルの価値に気付いたとしても、そのスキルの売り方が分かりません。その理由は、マーケティングの仕事にしか携わってこなかったからです。

こうした事情もあり、日本では労働力の流動性が生まれないのです。

そこで、**自分のスキルを売るという仕組みを誰かが作らなければいけません**。

プロスポーツの世界を見れば、この考え方は理解しやすいと思います。プロ野球やプロサッカーでは、それが当たり前になってきていますから。

時速160キロの直球を投げられれば、年俸数億円の契約を結ぶことができる。1年間にホームランを40本打てば、複数年契約のオファーがある……。これらが明確になっているからこそ、そこを目指すことができるわけです。

これは、専門性のある仕事であれば同じだと思います。専門性のある仕事というのは、それだけで価値のあるものです。価値があるのであれば、もっと流動性を持たせたほうがいいと思うのです。

トヨタでマーケティングに携わった人が、トヨタ1社で仕事人としての人生を終えれば、その人の身に付けたスキルはトヨタの社内でしか生かすことができません。

しかし、その経験や知識をほかの会社でも生かすことができれば、その会社もより成長のチャンスを得ることができるはずです。

労働力の流動化とは、こうしたことを意味しています。

本人にも、**より高額の報酬を得られるというメリット**があります。また、日本社会全体の国力アップにもつながるはずです。

ただ、いまはまだ労働力を流動化させる制度や仕組みがないため、自分のスキルの価値を知ることができません。もし価値が分かったとしても、そのスキルをどうやって売ればいいのかが分かりません。

この流動化のお手伝いをすることがわが社の使命だと考えています。

わが社はコンサルタント業界において、すでにその仕組みを作って実践しているわけです。フリーランスのコンサルタントにコンサルティングの仕事を仲介して紹介する「コンサルポータル」です。

実際に、コンサルタント会社に勤めていたときに月収50万円だった人が独立し、「コンサルポータル」に登録していただき、わが社がコンサルティングの案件を紹介したことで月収が4倍、5倍になった例があります。

一方、企業側も自社が欲しているスキルを有するコンサルタントに「**必要なときに、必要な期間だけ**」**契約関係で働いてもらう**ことができています。

企業としては、雇用するとなると従業員から退職の申し出がなければ、定年まで一生雇用し続ける義務があります。しかし、必要なスキルを必要な期間だけ契約関係で雇うのであれば、コストを最小限に抑えることができます。

新卒者に行うような社員教育も不要です。

コンサルタント業界で実現できているこの仕組みを、ほかの専門性のある職業にも広げていくことがいま現在の最大の目標です。

2 売れるスキルを身に付けられる教育機関を作りたい

現在の日本では、会社がスキル養成機関の役割を果たしています。多くの人が新卒でどこかの会社に入り、そこで数年間、社会人としての経験を積んでスキルを身に付けていきます。

したがって、企業である程度経験し、専門的なスキルを身に付けた人にフリーランスとして独立してもらう形になっています。

しかし、そうしたスキルを身に付けた人にフリーランスで働くことを勧めているだけでは、独立する人はどんどん減っていき、人材が枯渇していきます。そこで、将来的には、**スキルを習得するための教育機関に携わる**ことも考えています。

いまの中学・高校・大学では学術的な教育ばかりを行っていて、社会で必要とされるスキルと直結しないものがほとんどです。そのため、そうしたスキルは新卒などで入って会社で教育されて身に付けていくことになります。

スキルを身に付ける場所が会社である必要はありません。自分でお金を払って、学校で身に付けてもいいわけです。

現在、日本にはいろいろな専門学校がありますが、資格を取得することが目的であったりします。専門性を身に付けるという目的では、調理師学校や美容師・理容師の学校、鍼《しん》灸《きゅう》・マッサージの学校などがありますが、**一般企業が求めるスキルを身に付けて即戦力になれるような人材を育てる**必要があると考えています。

ビジネスで必要とされるスキルを身に付ける専門学校的な教育機関を作り、スキルの内容も体系化して教えていくような教育の仕組みの整備も必要になります。

そうしないと、企業が育てた人をフリーランスに転身させているだけになってしまい、ビジネスとしても成長に限界があるからです。

いまだに日本は学歴偏重型の社会です。高校受験、大学受験、新卒での就職活動、いわばこの3つの大きな壁があるといえるかもしれません。そして、この壁のどこかでつまずくと、自分の希望する仕事人生をまっとうすることがなかなか難しいという現実があります。

しかし、**学歴や最初にどんな会社に入ったのかは、その人の仕事のスキルとはそれほど相関関係はありません**。

もし3つの壁のどこかで失敗しても、即戦力となる専門的なスキルを身に付ける教育を受ければ、一流の道を目指すことができる。そんな道筋があってもいいのではないでしょうか。

一度就職に失敗し、フリーターやニートになっている人たちも、そこで3年から5年、勉強して実地訓練でスキルを身に付ければ、プロフェッショナルとしてフリーランスでも仕事ができる。もちろん、就職もできる。そんな教育の仕組みが求められています。

若者が人生のどこかでミスをしても、それを挽回する制度や仕組みがあり、身に付けた専門的なスキルが評価され、時間や場所に束縛されずに働くことが世の中で当たり前になれば、ブラック企業の問題や月曜日の憂鬱《ゆううつ》な満員電車もなくなると思います。

このように仕事のスキルが流動化し、その価値がさまざまな企業にも行き渡り、個人もより多くの報酬を得ることができるようになり、以前なら人生のチャンスをふいにしていたような人たちにも挽回のチャンスを与えられるようになれば、日本経済にとっても大きなプラスになるはずです。

3 外資系のコンサルティング会社の新人研修

ビジネスで即戦力となる専門的なスキルを身に付ける教育方法としては、私が経験した外資系企業の社員教育が参考になります。

新卒で就職する時点では、一般的な日本企業に入社する人と、外資系のコンサルティング会社に入社する人の能力にそれほどの差はないはずです。たとえ差があっても微々たるものでしょう。

実は、**真に差がつくのは入社後の3年間なのです**。

外資系のコンサルティング会社の離職率は年間3割と日本企業に比べて高いのですが、その3年間を耐え抜いた人は、かなりの実力を身に付けることができます。

その実力を身に付ける教育方法は次の2点です。

1　研修で事務処理能力を上げる

2　ケーススタディーで実務能力を上げる

まず、「研修で事務処理能力を上げる」ですが、コンサルティング会社は一般的に研修メニューが充実しています。短期間である程度のスキルを網羅的に身に付けるには、体系化された研修が最も効率がいいからです。

新卒でコンサルタントになった人は、非常に厳しい研修を受けることになります。Office系ソフトの扱い方からロジカルシンキング、企画書や提案書の書き方、資料の作り方、プレゼンテーションのやり方まで、「優秀な事務員」として活躍できるよう徹底的に知識とスキルが詰め込まれます。

そして、より厳しいのは研修で出される宿題です。業務時間内には終わらないほどの量の課題が次々と出されますが、それらを確実に遂行することが求められます。

ただし、こうした厳しい研修で教わったことをパーフェクトに身に付けたとしても、まだまだ「優秀な事務員」の域を出るものではありません。これらはあくまで基礎体力の一部であり、求められるスキルの本質ではないのです。

コンサルタントには、さらに**「問題発見」「問題解決」「関係者の説得」**などの高度な知識労働が求められ、実際の現場でそれらを適切に運用することが求められます。

これらの能力は研修では身に付きません。その能力を高めるのは実践です。

そのために社内では、定期的に現場での実践力を鍛えるための「ケーススタディー」が行われます。**コンサルティング会社の「人を鍛える力」の源泉は、このケーススタディーにある**と言っても過言ではありません。

ケーススタディーにはテーマがあり、現実に近づけるため、できるだけ実際の案件が用いられ、出席者には予習が義務付けられます。

「ロールプレイだったら、ウチもやっているよ」と言われるかもしれません。

ただし、コンサルティング会社の出身者が「ケーススタディーは憂鬱だった」と口をそろえて言うように、一般的な会社との違いは、ケーススタディーの事例のほとんどが「現場での窮地」をベースにしていることです。

つまり、「クライアントから厳しく問い詰められている」ことが、ケーススタディーのデフォルト（初期設定）になっています。

● 「クライアントが頼んだことをやってくれていないのに、こちらに責任を押し付けてきている」ケース
● 「昨日決まったことが、社長の一言でひっくり返ってしまった」ケース
● 「クライアントが法律違反をしていることを見つけてしまった」ケース
● 「クライアントの内部対立に巻き込まれてしまった」ケース
● 「間違った施策をやめさせて、プロジェクトをうまく再起動させる」ケース

こうしたあらゆるシーンにおいて、**「窮地」を脱するための知恵と実践的方法を叩《たた》き込まれていく**のです。

「事務処理能力」と「問題処理の実践能力」の2つを身に付け、ようやくコンサルタントは一人前と見なされます。

わが社が運営する「コンサルポータル」では、企業から依頼されるコンサルティング案件となかなかマッチングしないフリーランスのコンサルタントに、「**マインドセット**」と

「スキルセット」という2つの教育メニューを用意していますが、そのメニューも、私自身が外資系企業で厳しく鍛えられた経験がベースになっています。

新人を一人前のコンサルタントに育て上げる教育法を参考に、そのほかのスキルでもビジネスの現場に即した教育法を整えることを目指したいと思います。

4 コワーキングスペースの「コミュニティー」を活用する

クールワーカーズとして働くためには、企業が契約関係を結ぶことを望むような専門的なスキルがあることが前提になります。そのスキルを売ることで、フリーランスで働くのです。

第4章でも少し紹介しましたが、「売れるスキル」としてはプログラミング、設計、デザイン、イラスト、マーケティング調査などさまざまな業務が考えられます。

例えば、ネットでフリーランス向けのクラウドソーシングサービスを提供しているサイトには、次頁の表1のようなジャンルのスキルが掲載されています。

表1　フリーランスで売れるスキル

ジャンル	ス　キ　ル
システム開発・運用	Ｗｅｂ・システム開発／スマホアプリ・モバイル開発／アプリケーション開発／運用・管理・保守
Ｗｅｂ制作・Ｗｅｂデザイン	Ｗｅｂサイト制作・デザイン／スマートフォン・モバイルサイト制作／バナー・アイコン・ボタン／ＥＣサイト・ネットショップ構築・運用／Ｗｅｂマーケティング・ＨＰ集客／運営・更新・保守・ＳＮＳ運用
デザイン制作	ロゴ・イラスト・キャラクター／印刷物・ＤＴＰ・その他／ＰＯＰ・シール・メニュー／看板・地図・インフォグラフィック／ＣＤ・本／プロダクト・３Ｄ
ライティング・ネーミング	ライティング／ネーミング・コピー／編集・校正
タスク・作業	データ作成・テキスト入力／レビュー・投稿・アンケート／調査・分析・その他／内職・軽作業・代行
マルチメディア	動画・写真・画像／漫画・アニメーション・ドラマ／音楽・音源・ナレーション
翻訳・通訳サービス	英語翻訳／中国語翻訳／韓国語翻訳／フランス語翻訳／スペイン語翻訳／ドイツ語翻訳／その他翻訳／映像翻訳・出版翻訳・メディア翻訳
ビジネス・事務・専門・その他	企画・ＰＲ／リサーチ・分析・解析／セールス・ビジネスサポート／資料作成サポート／コンサルティング／その他

高度な専門知識を必要とするものから副業向けの軽作業的なものまで、多種多様な業務が「スキル」に該当することがご理解いただけると思います。

ただし、会社勤めで経験を積み、「自分がフリーランスとしてもやっていけるスキルを身に付けた」と考えても、**誰でもそのスキルを売って、契約関係を結ぶことができるとはかぎりません**。

例えば、マーケティングに精通している人やプログラミングの達人がいたとしても、マーケティングの能力やプログラミングの能力と、仕事を取る能力はまったく別の能力となります。

自分のスキルがどの程度のレベルにあるのか客観的に評価することは、自分では難しいでしょうし、自分の知識や経験を相手にどのようにアピールすればいいのか困るかもしれません。第一、どこの誰に自分を売り込んで仕事を取ればいいのか、途方に暮れる恐れもあります。

そこで、自分のスキルとは関係のない、**仕事を取るということは外部に任せたほうがいい**と、私は考えます。

自分の不得意な業務は、外部の専門家に任せてしまう。自分は専門スキルを生かして効率よく仕事をして、相手企業のニーズに応えることに専念する。そうした役割分担をすることで、より効率よく仕事が回っていくはずです。

その役割を分担する選択肢の1つが、コワーキングスペースとなります。コワーキングスペースに来て、仕事をもらったり、紹介し合ったり、情報を交換し合って、そこで仕事をします。そして、仕事が途切れたら、またこれを繰り返すのです。このような働き方をすることで、人生をより楽しむ人が増えていってほしいと思っています。

コワーキングスペースが提供するのは、働く場所だけではありません。**会員同士のつながりが生まれ、仕事を紹介し合う場となります。**私はこれを「コミュニティー」と呼んでいますが、これをどんどん活性化させていきます。

ここに来れば仕事がもらえるだけでなく、仲間にも会える。自分の専門分野以外の人を探しているときは、この店や店の仕組みを通じていろいろな人とコンタクトを取ったり、一緒に仕事をしたり、チームを組んだりできる。

これが5年後、10年後、20年後の働き方の1つの理想ではないでしょうか。

5 「売れるフリーランス」と「売れないフリーランス」

クールワーカーズは基本的に組織に属さず、フリーランスとして企業と契約関係で働くことになります（ベンチャー企業を立ち上げるという選択肢もありますが）。

フリーランス大国のアメリカでは、2014年の時点で、すでに全労働者の34％がフリーランスとして働いているといわれています。また、日本でも19％の人がフリーランスという調査もあります（ランサーズの調査による）。

いまだに終身雇用の考え方が根強く残る**日本でも、5人に1人の割合でフリーランスがいる**というのは、それなりに多い数字ではないでしょうか。

本書で、私はクールワーカーズというフリーランスの働き方を提唱しているわけですが、「誰でもなれますよ」と言っているわけではありません。

フリーランスとして働き、生活費をしっかりと稼いでいくためには、毎月給料が保証されている会社員生活とは違ったシビアな現実が待ち受けています。私は、安易にフリーランスなることを勧める気にはなれません。

フリーランスで働くことは決して甘い世界ではありません。**「売れるフリーランス」と「売れないフリーランス」に、はっきりと分かれてしまう**世界なのです。

その差は、どこから生じるのでしょうか。

私は、次の2点に集約されると考えています。

1 「先に与える人」かどうか。
2 「売れる専門性」を持っているかどうか。

実は、面白いことにフリーランスになると、急にわがままになる人がいます。そういう人は「もう会社の言いなりにはならない」「自分は一国一城のあるじだ」という思いを抱いて、フリーランスになったのかもしれません。

しかし、そんな本人の思いと現実は異なります。もっとシビアに見られるのがフリーランスの世界なのです。

例えば、あるシステム開発プロジェクトがあって、開発期間は1年程度を見込んで動き出したとします。最初の3カ月は、みんなが力を合わせて頑張りました。

ところが、3カ月が終わった時点で、メンバーの1人であるフリーランスで働く人が突然、「単価を上げてくれなければプロジェクトを抜ける」と言い出しました。要求は結構な上乗せ額で、プロジェクトにはそんな予算はありません。

「何とかもう少し抑えてくれないか」と交渉しますが、フリーランスで働く人は「この単価でなければ抜ける」の一点張りです。

仕方なくプロジェクトリーダーはほかの予算を削って、その人の単価を上げました。いまその人に抜けられると、プロジェクトが立ちいかないからです。

その後はみんなの頑張りで、プロジェクトは結果的にうまくいきました。

プロジェクトリーダーは後日、こう言いました。

「あの人とはもう二度と仕事をしたくない。いつこちらの足元を見てくるか分からないから、安心して仕事ができない」

悪い評判はあっという間に業界に広がり、もう誰も仕事を回さなくなりました。

その人は、プロとして仕事を行うためにはこれだけの金額をもらわないと割に合わないという、自分なりの判断で単価の値上げを要求したのでしょう。しかし、そうであるなら初めにしっかり申し出ておくべきだったのです。後出しジャンケンは、絶対にすべきではありません。

初めに提示された金額で仕事を受けたのであれば、途中で値上げを要求するのではなく、次に仕事を依頼されたときに、「前回はあの単価でしたが、仕事内容からいってあの金額では引き受けることはできません。この単価であればやらせていただきます」、そうお願いすればいいのです。

私の好きな言葉の1つに「先義後利《せんぎこうり》」（先に与える人に利益が後からついてくる）があります。

フリーランスには、会社の後ろ盾がなく、また実績など信用が不足している場合もあります。そのときは自分の行動で相手に証明しなければなりません。そうして**「あの人は信用できる」という評判を勝ち取っていく**のです。

そのためには「締め切りを守る」「約束をたがえない」「あいさつをする」「回答が早い」など、フリーランスだからではなく、社会人として守るべき小さな努力を決しておろそかにせず、「先に与える」ことによって評判は得られるものなのです。

それができない人は結局、2～3年で仕事がなくなり、消えていくことになります。

また、フリーランスは専門的なスキルを身に付け、一芸に秀でていなければ仕事は回ってきません。ただし、一芸に秀でているだけではダメで、その専門性が「売れる」ことが重要になります。

ここを勘違いしてしまうと、「フリーランスになったはいいけれど仕事がない」という状況になりかねません。

148ページに、クラウドソーシングサービスを提供しているサイトに掲載されているスキルを紹介しましたが、そのすべてが「高く売れる」とはかぎりません。

それでは、**「売れる専門性」と「売れない専門性」の分かれ目はどこにある**のでしょうか。

1つ目のポイントは「**マーケットの大きさ**」です。

例えば、システム開発のプロジェクトマネジメント能力は、「売れる専門性」の代表格です。なぜなら、世の中には「開発プロジェクト」がたくさんあるからです。

そのほかにも、会計知識や在庫管理、組織・人事評価などの知識は「売れる専門性」となります。これらの業務は、ほとんどの会社で悩みのタネになっていて、マーケットが大きいからです。

一方、デューデリジェンス（適正評価手続き）や経営管理などはあまり売れません。これらは逆に、悩んでいる会社の数が少ないからです。

あなたが身に付けている専門性のマーケット規模はどうなのか、ご自分で検討してみてください。

2つ目のポイントは、「**成果の分かりやすさ**」です。成果が分かりやすいほど、専門性は売りやすくなります。

例えば、営業業務改善よりも営業代行のほうが売りやすくなります。ブランディングよりも集客代行のほうが、マーケティングよりもデータ分析のほうが売れます。

昔、何かの本に「おはぎの作り方」よりも「おはぎ」そのもののほうがはるかにたくさん売れると書いてあるのを目にしたことがありますが、まさにそのとおりです。

結局のところ、「**クライアントの手間を省いて結果を目に見える形で出す**」**ことが、売れる専門性の条件**なのです。

フリーランスは決して「気楽な稼業」でもなく、「仕事を好きに選べる立場」でもありません。お客さまに精いっぱい奉仕し、少しずつ信用を築いていくという地味な活動の継続が重要となるのです。

6　フリーランスは大変……イメージにだまされてはいけません

前述したように、アメリカでは２０１４年の時点で、全労働者の34％がフリーランスとして働いているといわれます。それでは、なぜフリーランスが増加傾向にあるのでしょう。これについて、経済産業省がアメリカの状況を次のように紹介しています（「雇用関係によらない働き方」について（現状と課題）／経済産業省より）。

(1)　インターネットによってフリーランスの価値が明確になった

オンラインサービスが仕事と人を素早く結びつけられるようになった。これによりビジネスのスピードが速くなる中で、企業にとってコストと時間をかけて、従来の様に従業員を採用するよりも、プロジェクト単位で、仕事する人を募ることの方がメリットがある。

(2) 技術の進歩により、どこででも仕事が出来るようになった

携帯電話、スマートフォンを持つ人が増え、コードを書く、デザインする、取引をするなど、場所を選ばず仕事が出来るようになった。

(3) フリーランサーがフリーランサーを生み出すようになった

フリーランスという働き方で成功する人が生まれ、一人でスタートした人が新たな仕事を産みだし、新たなフリーランサーへの仕事を作る好循環が生じ始めた。

(4) 人々は自分の生活を、自分でコントロールしたい

今まで以上に複雑化、流動化する時代の中で、一つの会社に固執したキャリアよりも、今までの経験には無いキャリアチェンジをする必要が生じてきた。必要に応じて、自分のキャリアアップを図らなければならない。その様な時代においては、上司にコントロールされるよりも、フリーランスとして働くほうが、自分自身で時間をコントロールでき、何かのときに融通が利く。

(5) 大きな組織に所属しなくても、自分のブランディングが出来るようになった

ビジネスチャンスを拡大するための機会は大きな組織に属さなくても、オンラインマーケットを使えば簡単に出来るようになった。

このようにいろいろな理由が挙げられていますが、私は結局のところ、「大企業でくすぶっている腕に自信のある人にとって、フリーランスや起業はとてもコストパフォーマンスがよい」から、フリーランスが増えているのだと強く感じています。

「コストパフォーマンスがよい」とは、**少ないリスクと労力で、より多くの報酬が得られる**という意味です。

しかし、「フリーランスは不安定で大変そう」という声もよく聞きます。私も「誰でもなれますよ」と言っているわけではありません、とお話ししました。

でも、本当にそうでしょうか。そんなイメージを持たれているだけではないでしょうか。

私はプライベートでトライアスロンを楽しんでいます。トライアスロンとは、水泳を1・5キロ、自転車を40キロ、マラソンを10キロ、これを順番に行う耐久競技です。合計の距離

は51・5キロになります。

私が知り合いにトライアスロンをやっていることを話すと、ほとんどの人から「すごい」という反応が返ってきます。

しかし、トライアスロンをやっている人なら分かると思いますが、実は、トライアスロンよりフルマラソンのほうがはるかにキツイ種目なのです。体感値では、フルマラソンのほうが2倍以上、しんどいと言ってもいいでしょう。

その理由は、同じ40キロといってもマラソンに比べてトライアスロンは自転車ですし、種目が3つと変化もあって飽きがこないからです。

ところが、世間のイメージはそうなっていません。トライアスロンのほうがキツイ種目だと思っています。

同じようにフリーランスや起業は、イメージとしてはとても大変に見えますが、そうでもない面もあるのです。もちろん、すでにお話ししたようにお客さまとの信頼関係を築いていくための努力を怠ってはいけませんが。

例えば、「独立します」と言えば、それまで付き合いのある会社の人が試しに仕事を出してくれることはよくあります。その際に、期日を守り、誠実な対応を心掛けることで、次の仕事につながっていきます。

このように**仲間とつながり、きちんと仕事をしていれば、収入がゼロになるリスクは、かなり避けることができます。**

したがって、能力のある人であればあるほど、独立によるコストパフォーマンスは高くなります。会社員時代に月収が50万円だった人が、独立して月収100万円を超えることはよくある話です。

実際、私が在籍していた外資系企業時代の同僚の多くはフリーランスになったり、起業したりして成功しています。


私がいま考える、フリーランスに至るキャリアは次のとおりです。

まずは、新卒できちんとしたビジネスを行っている会社に入ります。新卒でいきなり独立することはお勧めできません。なぜなら、「社会の仕組み」や「体系的な仕事のやり方」を学ぶ機会を逸してしまうからです。

20代の5年から10年、会社員として仕事のイロハをひたすら学びます。在籍している会社でしっかりと成果を上げて、社会人としての教育を施してもらった恩返しをしてください。受けた恩はきちんと返すことが、独立した後も非常に重要だからです。

そして、30代のどこかでフリーランスになったり、起業して独立します。

新卒で就職する機会を逸した、あるいは、入社後数カ月で退職したという場合は、自分に合ったスキルを提供してくれそうな職種に携われる会社を見つけることが最優先となります。そして、仕事を通してその職種に関するスキルをひたすら学んで、フリーランスや独立を目指します。

その後は、自分の好きな仕事を好きなスタイルで行ってください。お金を稼ぐもいいし、自分の興味や関心をどんどん深掘りするのもいいでしょう。

人に働かされているという思いではなく、**自分の人生を自分で切り開いているという実感は、日々の生活を充実させてくれる**はずです。

会社員生活には、ストレスとなるさまざまな要因が待ち構えています。

職場の人間関係、社風や職場の雰囲気になじめない、自分が希望する仕事ができない、仕事量が多い、異動や昇進に不満……。

ストレスを抱えたまま、リストラや定年後の生活に不安を感じるのではなく、フリーランスや起業で自らの力を試すことを選択肢として考えてみてはどうでしょうか。

そのためのプラットフォームが、いまどんどん整えられているのですから。

7 「信頼の構築」という種まき

現在、私の仕事は人と会うことが多くなっています。会うのは、ビジネスに関係する人もいますが、ビジネスにはまるで関係のない人もいます。

ビジネスにまったく関連のない業種の人でも、話をしてみるとどこかに接点があったりして驚かされることがよくあります。

私が**多くの人と会うようにしているのは、それが信頼を築くことにつながると考えている**からです。

仕事上はまったく関係のない人でも、一度会って話をすれば、私は自分の中に相手のことをインプットします。その人が携わっている仕事内容や趣味など、さまざまな情報を得ることができます。

一方、相手も私が話したことをインプットするはずです。

話をしたときにはその人と何の関係がなかったとしても、後日、その人とビジネスでつながりがありそうな人と会った際に、「この前、会った人を紹介してあげよう」と思うこともあるでしょう。そして、実際に紹介してあげれば、２人の間で何らかのビジネスに発展する可能性もあります。

そうしたことを行えば、おそらく紹介した2人の中で私への信頼が1ポイント、アップすると思います。私への信頼が上がれば、相手もその信頼に応えるために何かしてくれるかもしれません。

私が人と会って行っているのは、いわば「信頼の構築」ですが、私はこれを「種まき」だと考えています。私はこの種まきを毎日行っているのです。

「信頼」とは、人間関係で一番大切なものだと私は考えています。

会社員が雇用関係で働くことのメリットとして、個人の信頼度よりも会社の看板の信頼度を活用できることが挙げられます。

例えば、マイホームを購入するために銀行でローンの借り入れを相談するとします。その際には、その人の年収額よりも、その人がどこの会社に勤めているかのほうが重視されるでしょう。

年収が500万円の会社員が2人いて、1人の勤務先はトヨタ自動車で、もう1人は社員が数名の零細企業だとすると、銀行が抱く信頼度はまるで違ってきます。会社の看板は本人の実際の能力には関係なく、大きな恩恵をもたらしてくれる存在にもなるのです。

ところが、雇用関係で働くことをやめて契約関係で働くことになると、これまで背負っていた会社の看板が失われるわけです。

会社の看板を失ってしまったとき、その人を評価するものは、その人個人の信頼度しかありません。

それでは初対面の人の信頼は、どうしたら確認することができるでしょうか。

正直、いま現在はその方法がありません。そこで私は、コワーキングスペースを中心としたコミュニティーを作ることで、その問題を解決していこうと思っているのです。

数年前から目にするようになった言葉に「信頼残高」があります。スティーヴン・R・コヴィーが著書『7つの習慣』（キングベアー出版・2013年）で説いているもので、銀行の残高のように人間関係にも「信頼の残高がある」という考え方です。

私も、**この信頼残高を増やすことが、これからの社会ではとても重要になる**と思います。

8 コワーキングスペースを「信頼残高を積み重ねる場」にしたい

テレビで観たのですが、上海では無人のコンビニが数店舗、営業しているそうです。無人なので重要な問題は万引き対策です。ところが、万引きがほとんどないのです。オープン前は防犯カメラにＡＩを導入して、不審な行動をする人に対して監視を強化するなどのアイデアもありました。

中国には「微信」（ウェイシン、英語ではWeChat）という、ＬＩＮＥのような無料のインスタントメッセンジャーのアプリがあります。いまではこのウェイシンを使って、スマホでお金の決済（WeChat Pay）が可能になっています。

現在、中国は現金を使わない社会に急速に変わりつつあります。ネットでの決済はもちろんですが、リアル店舗でもほとんどスマホによる電子決済が主流になっています。

２０１７年12月27日の日本経済新聞電子版には、「中国大手調査会社の易観が発表した7～9月期のスマートフォン（スマホ）を使った中国での決済金額は、前年同期比約３・3倍の29兆４９５９億元と急拡大した」とあります。日本円にして約５００兆円です。

これほどに急拡大している理由の1つに、中国では偽札が多いことがあります。お金のやりとりでは、偽札のチェックが欠かせないような生活を強いられていたのです。しかも偽札が多いため、高額紙幣は発行されていません。一番高額でも100元です（1元は約17円）。私が中国に行ったとき、タクシーやお店で100元札を出すと、とても嫌がられました。お釣りの小銭を持っていないからです。結局、少額のお札や小銭を持つ必要があり、かなり不便な思いをしました。

そうした事情もあり、お金が不要なスマホを使ったウェイシンでの電子決済が急速に広がっているのです。

実は、無人のコンビニでも、ウェイシンの電子決済が導入されています。もしこのコンビニで万引きして捕まると、ウェイシンの電子決済でバツマークが付けられて、要注意人物になってしまいます。これは「信頼残高が減る」と言い換えることもできます。

そして、信頼残高がある水準以下になると、ウェイシンの電子決済を使うことができなくなるのです。そうなると、日常生活でとても困ることになります。

いまの中国では、万引きによってタダで商品を手に入れてもうけることよりも、電子決済ができなくなることのほうが、より大きなマイナスなのです。そのため、無人のコンビニでも万引きが発生しないのです。

「信頼残高を高める」、ここにポイントを置くことで、万引き問題は解決できたのです。

雇用関係から契約関係に働き方をシフトする際にも、同じことが言えると思います。**信頼を積み重ねて信頼残高を高めることがとても重要**になります。

そこで現在の私は、経営者としての信頼残高を高めるために多くの人と会って、自分に何かできることがあれば行っていく。人と人をつなぐことができれば、どんどん行っていく。そうした活動をしています。

紹介した相手に嫌な思いをさせるような人もいます。そうした行為が続くような人とは、その後の付き合いはしません。

また、「誰か紹介してください」といつも言っていて、自分のほうからは誰も紹介しようとしない人もいます。「くれくれ」とばかり言っているような人です。

そうした人は、初めのうちはみんなから何かをもらえるかもしれませんが、自分のほうからは何も与えないので「この人はもらうばかりで返さない人だ」と判断されます。そうなると、だんだん誰からも相手にされなくなっていくでしょう。

信頼残高が減っていくばかりで、電子決済が拒否されるのと同じです。

信頼残高を常に積み重ねている人は、これまでの残高のおかげで周りの人からいろいろな助けやアドバイスを受けることができます。当然、仕事もうまく回っていくはずです。

コワーキングスペースのコミュニティーも、信頼残高を積み上げる場にしていきます。その際に大切なのは、一度直接会って話をしてみないと本当の信頼関係を築くことはできないということです。

フリーランスで働く人は、決して家にこもってばかりいるわけではありません。**人に会うことも重要**になるのです。

同じようにフリーランスで働く人に会って話をし、情報を共有したり、交換したりする機会を作って、信頼関係を築き、自分の信頼残高を高めていくのです。

信頼関係を築くことができた相手とは、その後はネットを通してやりとりをすることで時間を効率的に使うことができるようになるのです。

クールワーカーズへの道 ④

趣味を副業に ……………………… ヨガ・インストラクター

女性に人気なのがヨガです。自分の健康のためにヨガを習っているうち、教える側になりたいと思う人もいるでしょう。ヨガ・インストラクターとしてフリーランスで働く方法もあります。

ヨガには国家資格はありませんが、専門学校（スクール）で学んでその学校の認定資格を取り、インストラクターになるのが一般的です。インストラクターとしての経験をある程度積んでから、フリーランスとして独立することになります。

最初は、スタジオレッスンのインストラクターを軸に経験を積みながら報酬を得ていくのがいいと思います。レッスンの方法など、そのスタジオのノウハウも学ぶことができます。

フリーランスであれば、平日は会社員として働き、土日に活動する副業インストラクターも可能です。子育て中でも、子どもが幼稚園や学校に行っている時間に、やはり子育て中のママさんが生徒であれば時間が合います。また、本業のある副業インストラクターであれば、生徒の数をあまり気にする必要がありません。

フリーランスのヨガ・インストラクターとして活動するには「SNS」と「勉強時間」が必要となります。

SNSは交流の場として活動をまめにアップしていくといいでしょう。実際に来てくれた生徒さんとネットで交流していくことで人脈も広がりますし、口コミ効果もあります。

そして、インストラクターとして教えるだけでなく、自分自身のスキルを向上させる時間も必要です。ときには、自分が受講生となって他のインストラクターから学ぶようにしたり、他国で取り入れられている独自の方法を勉強しに行ったりと、スキルの向上に努めましょう。

第6章

「クールワーカーズ」の最前線

最後に、「新しい働き方」を実践している2人を紹介します。

時間と場所に縛られず、自分の専門性を売って稼ぐことのできる人——私は「クールワーカーズ」をこのように定義していますが、そんな働き方をすでに実践している人たちです。２人の話は、ワクワクするような働き方や時間の使い方の参考になるはずです。

働き方として理想的な環境を手に入れました
——池谷正明さん（僧侶兼事業家）

フリーランスというと、デザイナーやカメラマン、プログラマー、あるいは「士業」の人が頭に浮かぶと思います。しかしいままでは、どんな職種でもフリーランスで働くことが可能となっています。

池谷正明さんは、僧侶&事業家という2つの顔を持っています。お坊さんでさえ、自由な働き方ができるのです。

テレビ局と広告代理店勤務を経て、異ジャンルとも思える働き方に転身した背景には、「人を幸せにする場」への熱い思いがあります。自分には無理と諦める前に、自分らしい生き方、働き方を考える参考にしてください。

がむしゃらに働いた会社員時代

私はもともと神戸のお寺の次男で、お寺は長男が継いでいます。学生時代に僧侶の資格を取りました。

大学卒業後、福岡のテレビ局に入社。福岡で7年、東京で7年勤務しました。その後、大手広告代理店のベトナム拠点で3年間働きました。

２０１７年からは東京都内のお寺で僧侶兼広報担当を務め、同時にお寺を使って地域とのコミュニケーションを図るための事業会社を立ち上げ、現在は本格的な活動を開始するための準備段階にあります。

生活スタイルは、毎朝7時からお寺で約1時間、晨朝《じんじょう》勤行《ごんぎょう》というお勤めに参加します。これは朝の読経会です。私の属する宗派では、この朝の勤行と夕方の勤行を毎日行います。その後、平日は新橋のコワーキングスペースに行き、午前中は事業会社に関わる資料やお寺の広報資料などを作っています。午後はお寺に行き、夕方以降は自分の時間になるので事業関係者とのミーティングなどに充てることもできます。

僧侶としては通夜や葬儀、法事などのお勤めを住職と一緒に行います。ただし、ずっとお寺にいるわけではありません。お寺からは給料をもらっていますが、そのときどきの夕スクに応じて仕事をしています。お寺に関しては8割が寺務の仕事で、2割が僧侶の仕事という感じになっています。

業種的には以前のキャリアとはまったくつながっていませんが、広報という仕事の内容では関連する面もあります。

テレビ局時代の業務は営業です。クライアントにテレビ番組へのCMを入れてもらうための営業活動をしていました。そして、広告代理店では広告制作物を作って売るという、やはり営業でした。

どちらの会社も、仕事は極めてハード。土日は一応休みですが、イベントがあれば参加しますし、ゴルフなどの付き合いもありました。当然、定時に帰れるはずはなく、2日や3日の徹夜も珍しくないという状況でした。

現在行っているお寺の広報の仕事は、住職が発信したいお寺の思いを、案内物（寺報《じほう》、ホームページ、SNSなど）とイベントで地域の人や檀家の皆さまに伝えています。

寺報は広報誌のような印刷物で郵送します。SNSはフェイスブック、ツイッター、インスタグラムで発信しています。フェイスブックは画像を中心にアップしているのですが、親近感が湧くという声もいただいています。

もともとマスコミ企業に勤めていたのですが、マスコミには情報を伝えっぱなし、一方通行という面があります。常に不特定多数の人に情報を発信しているだけともいえます。そうした日々を送る中で、**実際に目の前にいる人を幸せにしたいという思いが募ってきた**のです。

それでは、多くの人と直接触れ合い、声を聞くことができる場所とは？　人が集まりやすい場とは？　そう考えたとき、もともとお寺の子として生まれ育ったので、お寺の場で働きたいと思いました。

そして知人の紹介もあり、現在のお寺で働くことに決めました。その際に、将来は会社を立ち上げたいという私の思いも住職に伝え、その旨を認めていただき、広報担当として働かせてもらっています。


結果的にはそれまでのキャリアを捨てる形になりましたが、なぜ、その決断をしたのか……。情報を垂れ流しするのではなく、**人を幸せにする仕事に携わりたい。そのため、自分にとって身近な存在であったお寺を中心に働くことにした**のです。

いまはまだ1つのお寺の広報活動を中心に行っていますが、そこで成功パターンを作り、世の中のお寺を改革したいという思いを抱いています。そのために事業会社を立ち上げたわけです。

お寺で働きながら、そこでの活動をさらに広げる事業会社を立ち上げる――現在の私の仕事には、この2つの側面があります。会社勤めをしながら新たに事業を立ち上げる場合、普通は仕事が終わった後や土日しか使うことはできません。しかし、いまの私は時間をかなりフレキシブルに使うことができます。

現在、午前中は自分で自由に使えます。午後は夕方までお寺にいますが、その後はまた自分の時間です。午前中と夕方以降は自分の事業のために投資する時間となります。

これは、会社員時代には想像できなかった時間の使い方です。人と会ったり、自分の考えをまとめたり、時間を有効に使っています。

この働き方は、**いまの私にとって理想的な環境**といえます。

自分にとって一番大切なものは何か

営業マン時代の私はがむしゃらに働き、「売れ」と言われたものは必ず売ってきました。モーレツに働くのが好きな人間でした。そして会社も愛していました。

そんな人間でしたが広告代理店でのベトナム勤務時代、ある日、街中を歩いていて人々がみんな笑顔であることに気付きました。笑顔があふれて、みんな幸せに暮らしていると感じたとき、日本との違いにショックを受けました。

日本では街中を笑顔で歩いている人を見ることは、ほとんどありません。時間に追われているという空気を発している人が多くいます。

そして、日本でテレビ局に勤めていたとき、自分は世間から見て高給をもらっていたけれど、全然幸せではなかったかもしれないと思ったのです。

ベトナムの会社には自己主張の強い上司もいました。自己主張の強い人ほど指示内容があいまいで、多くの人を振り回しているのです。そのため笑顔のベトナム人仲間から、どんどん笑顔が消えていきました。

そんな状況を見ていて、「あれ、この人は人を振り回すことが人生のすべてになっているのでは。この人は定年を迎えたら、いったい何が残るのだろう。この人は1人で何ができるのだろう」、そう悲しく思えてきたのです。

そのときの思いが、現在の私の仕事のベースにあります。


いまの日本は、大量生産で大量消費、数を競うことにどっぷりと浸《つ》かっています。でも、これではいけないと気付いている人もいるはずです。**「もっと自分の言葉で話して、もっと自分らしく働きたい人もいるはず**」、そう思いました。

そのときに思い出したのが「一隅《いちぐう》を照らす、これすなわち国の宝なり」という最澄の言葉です。自分の置かれた場所で、目の前のことを精いっぱい努力することが、周りを照らすことになる。そういう人こそが国の宝だという意味です。

人と同じでなくてもいい。無理に人と合わせる必要はない。もう自分にうそをつくのはやめて「自己をならおう」と、私は思いました。

仏教の教えに「仏道をならうというは、自己をならうなり。自己をならうというは、自己を忘るるなり」があります。

仏道をならうということは自分を学ぶことで、そしてそれは自己にとらわれず、欲望などに振り回されている自分から解放されることを表します。

そこで私は、自分の持っていたものをいったん棚卸しして、大切なものだけを見つめようと思いました。そして、いま持っているもので何が一番大切かを考える場所は、お寺だろうと思い、広告代理店を辞めてお寺で働くことを選んだのです。

日本人は古来、仏教にならうということをずっと学んできた習慣があります。そこで、お寺の場を「創作活動の場」にできないかと考えました。

いまは僧侶をしながら、檀家の人や地域の人が一緒に集まって、みんなで創作活動を行い、地域が主体になっていろいろな課題を一緒に解決していく仲間作りをお寺の場で行いたいと考えています。

具体的には、お寺で学習塾を始めました。そして、企画を通して地域の人が何に困っているのか、お寺に来て何をしたいのか、こういうことがあればいいのにと話す「語りの場」を作っていています。案内物を通して参加を呼び掛けているのですが、いずれも檀家の人以外の地域の人も参加できます。

お寺を「人を幸せにする場」にしたい

晨朝勤行は土日も関係なく、365日毎日あります。ですから、土日もお寺に行きます。その後はカフェなどで情報収集したり、資料や考えをまとめたりします。読書をしたり、ボランティアに参加することもあります。

したがって、あまり曜日の感覚がない生活になっています。

土日も晨朝勤行があるのは大変そうに思えるかもしれませんが、それは違います。晨朝勤行は私の一日のリズムを作ってくれています。ですので、会社員の人が休みもなく365日会社に行かなければいけない状態とはまったく異なります。自分から望んで行っている習慣に近いのです。毎朝の読経は私の基本として健康の支えにもなっています。

出張や旅行のときは、旅先に携帯用の仏壇を持っていって行います。必ずしもお寺に行く必要はなく、どこでも行うことができます。

私にとっては生活の一部であり、強制ではありません。自分で進んで行っているのです。

平日の午前中はコワーキングスペースで仕事をしていますが、このことも私の生活リズムを作ってくれています。お寺以外の第三の場所として気分転換にもなります。

そして、コワーキングスペースで仲間ができたことは予想外の収穫でした。コワーキングスペースで知り合った人と、自分がやりたいことや自分がこれからこうしたいという会話ができるのです。**夢や希望を語り、不安に陥りそうな気持ちを励ましてくれる仲間ができました。**

ここに来なければ出会えなかったいろいろな業界の人と出会えましたし、今後、もっといろいろな業界の人と話をしてみたいと思います。

私のビジョンは、お寺を創作活動の場に育てることです。そういうお寺を数多く育てていこうと思います。お寺をほかにないユニークな場に育てていくことで、周りの人を幸せにする場にできると信じています。

これからは、一人ひとりが自分の強みを持った生き方をしていくようになると思います。

そのためにはお寺を、人に振り回されず、みんなで一緒に考えて行動する場にしたいと思っています。

がむしゃらに働く中で気付きを得たことで、自分にとって身近な存在であるお寺を中心として周りの人を幸せにする場にしていくための活動が始まりました。

人を幸せにする手段はいろいろあると思いますが、私はお寺を、人を幸せにする場にしたいと思っています。これまでのお寺とは違う「幸せな場」を作っていきたいのです。

15年後には、フリーランスという言葉さえなくなっているかもしれません
――越川慎司さん（株式会社クロスリバー代表取締役社長 CEO／アグリゲーター）

『新しい働き方　幸せと成果を両立する「モダンワークスタイル」のすすめ』（講談社）という著書もある越川さんは、週休3日・週30時間労働という「新しい働き方」を実践し、働き方改革の最前線で活躍しています。

私が提唱している新しい働き方を、前出の池谷さんは個人として実践し、越川さんは組

織としてすでに実践していると言えます。

越川さんは「仕事をしながら、どう幸せを感じるか」が大切だと説いています。越川さんの考え方を参考に、会社員・フリーランスに関係なく、自分はなぜ働くのかを、いま一度考えてみてください。

私は3人分を生きなければいけない

「なぜ働くのですか」と人から聞かれたとき、私は「3人分の人生を楽しんで、日本経済に3倍のインパクトを残すためです」と答えています。

私は今年47歳になりますが、一卵性双生児でした。しかし母親が妊娠8カ月のとき、1人は心臓が止まってしまいました。

私のほうは何とか心臓が動いていたので、医師から「生みますか、どうしますか」と尋ねられた母親は、

「自分はどうなってもいいので、私は産みます」と答えました。そうして私は生まれましたが、１人はお墓に入っています。

ただ、母親はそのときの影響による妊娠中毒症で腎臓を悪くしました。それから40年以上、病気に苦しんでいます。体調が良いときは働くこともできましたが、私が大学生の頃から人工透析が必要な状態が続いているので私も介護をしています。

私を生んだことで40年以上苦労させることになってしまった母親、生まれてこなかった兄、２人の人生と私自身の人生、私は３人分を生きなければいけないと考えてきました。

しかし、これをつらい出来事だとは捉えていません。**ほかの人より生きる目的を明確に持つことができ**、むしろラッキーだと思っています。

私は、自分が幸せを感じるために、家族が幸せを感じるために、そして、お客さまや従業員が幸せを感じるためにはどうしたらいいのだろうと、いろいろな働き方を試してきました。

社会人になったのは１９９６年で、重厚長大企業の象徴のようなＮＴＴに入社しました。従業員数は26万人、同期が２０００人いました。

長時間労働が当たり前で、月に300時間残業をして、会社に泊まることもよくありました。こんな状態は体力的にも厳しいと思い、入社から5年後の2001年に外資系の通信会社に転職しました。

英語が好きで自信もあったので、転職先として米国の会社を選びました。いざ入ってみたら、全然英語は通用しませんでしたが。

その会社の通信サービスを日本で展開するための仕事をしていたのですが、翌年、突然米国の本社が倒産。しかも、それを日経新聞で知るような状況でした。そのとき、もう会社に頼ることはできないと考え、ベンチャー企業の立ち上げに参画しました。

当時はアメリカでパソコンを使ったテレビ会議のサービスが出始めた頃で、そのベンチャー企業は米国の会社と協力して日本法人を作り、日本で営業を展開しました。しかし、その米国の会社が買収されてしまい、誘いのあったマイクロソフトに移りました。

2005年にシアトルのマイクロソフト本社に入社。製品管理等を担当していたのですが、その後、日本マイクロソフトに移籍して最高品質責任者などさまざまな役職を経て、2016年に退職。最後はPowerPointやExcel、Word、Office 365、Skype等の事業部の役員を務めていました。

日本企業を元気にするために新しい働き方を実践

２０１７年に株式会社クロスリバーを設立。業務内容は、日本企業の働き方改革の支援（コンサルティング）がメインになっています。その付随業務として、私自身は講演や執筆活動も行い、大学で講義もしています。

企業の目的は、ずっともうかること。そして働く人個人の目的は、ずっと幸せであることだと思います。しかしいま、日本ではその目的を見失い、働き方改革をすることが目的となって失敗している企業があまりに多いと感じます。そこで本来の目的達成に向けた戦略と戦術の再構築、そして実行を支援しています。

具体的には、営業利益率をしっかり上げていくこと、そして従業員の働きがい調査の結果を確実に上げていくことになります。それを指標化し、数値目標を定めて達成することで報酬をいただいています。

私の会社のメンバーは、これまで５００社以上の働き方改革の支援に携わっています。その経験も生かして現在、26社・従業員16万人以上の働き方改革を支援しています。

海外の企業を見ていると、日本経済は間違いなく停滞しています。この状況からブレイクスルーをするには何らかのカンフル剤が必要だと、ずいぶん前から感じています。

私は、飛行機の移動だけで年に地球を4周するくらい世界各地で仕事をさせてもらっています。外から見ると、日本企業には「もったいない」と感じるところが多くあります。無駄なところをなくし、ユニークなところを伸ばすことはできないのかと、ずっと思っていました。

3人分日本経済に貢献するためにも、日本企業を元気にしたいという思いもありました。だからこそ、新しい働き方を実践しているのです。

もう1つ、**日本企業には目があまり輝いていない社員が多い**のです。

そんな社員に働きがいややりがいを感じてもらうには、「会社で我慢して定年まで働く」という働き方を見直してもらう必要があります。時間に追われるような働き方からは絶対に卒業する必要があります。

それを自らが実践して、その方法を多くの人に伝えたいという思いが、いまの新しい働き方の実践につながっています。

私の会社は、全メンバーが週休3日、週30時間労働になっています。それを会社のルールとしてAIで管理しています。もちろん、私も同じです。複数の海外プロジェクトにも参画していますが、睡眠時間は6時間から7時間、確実に取れています。

会社の業務はクライアント企業の課題解決になりますが、その課題が複雑化、潜在化してきています。大手のコンサルティング会社には対応できないような課題を解決するため、わが社には大手ができないようなイノベーションが求められます。

イノベーションを起こすためには、いかに異質の人たちと触れ合うかが重要なポイントになります。同じ年代のおじさんたちが9時5時でオフィスに座って働いていても、何もイノベーションは起きません。いろいろな経験を持つ人たちが有機的に接点を持ち、多様なスキルを組み合わせることにより、複雑な課題を短期間で解決することができるのです。

26人の従業員は全員が本業を持っていて、「複業」としてわが社の仕事を手伝ってくれています。本業もさまざまで、年齢もバラバラです。そこから新しいアイデアを生み出して、お客さまの課題を解決する方式を取っています。

本業は産業医や弁護士、ＩＴ企業や製薬会社勤務、学生や主婦などさまざまです。それぞれが長年培ったスキルや経験、見識をわが社は受け取ることができます。

複業で行っていますが、実は複業をしなくても十分に生活できている人ばかりです。本業でしっかり収入を得ています。

みんな、わが社で働くことで新しい経験を楽しめると言ってスタッフになっています。例えば、大手電機メーカーの経営会議に参加することもあります。これは、本業では体験できない貴重な経験になります。クライアントには本業の内容は教えませんが、複業で行っていることは伝えてあります。

スタッフは世界各地に分散しています。日本には18人いますが、ほかにパリ、ニューヨーク、シアトル、バンコクに拠点があります。分散している理由は、海外に進出する日本企業から依頼があるからです。

国内市場は停滞が続いています。そのため、成長するには海外に出て行くしか選択肢はありません。ただ、初めて海外に出て行く企業は、どのように現地法人を立ち上げたらいいのか、現地企業とどう交渉したらいいのか、悩みは尽きません。

そこで、例えばニューヨーク支店の開設をサポートしたり、現地のディストリビューター（代理店）との交渉をサポートしています。そのため、現地にわが社のスタッフがいたほうが何かと便利なのです。

9時5時でオフィスに座っていてもイノベーションは起きにくいので、オフィスはなくしました。コワーキングスペースなどを活用して、みんなでディスカッションしたりしています。いわゆる会議はしません。意見の出し合いだけを対面会議で行い、情報共有などはすべてクラウドやＡＩを使っています。

日本でも複業が当たり前になりつつあります。自分の余裕のある時間と自分のスキルをエントリーしてもらい、マッチングすれば業務委託の形で契約を結びます。

つまり、**フリーランスの集団で組織されたような会社**になっています。

お客さまへのサービス提供では、確実に課題を解決し、しかも品質の担保も求められます。そのためにある程度、人となりやスキルのレベルが分かっている人たちを中心に採用して、みんなで試行錯誤しながら課題解決を図っています。

人生100年時代の幸せとは

月に300時間残業をしていた頃は、うつ病になりかけたこともあります。マイクロソフトでは睡眠時間が3時間、4時間という日々もあり、これは長続きしないと痛感しました。

2016年に『ライフシフト』（東洋経済新報社・リンダ・グラットン他著）が翻訳出版され、ベストセラーになりました。長寿化が進み、人生100年時代を迎えるという内容です。20年勉強して40年働き、一度引退しても、その後、さらに20年幸せに働くことが求められるようになるのです。つまり、幸せの価値観が大きく変わりつつあります。

60歳以降をいかに楽しむかが、人生の幸せの中でかなり大きなウエートを占めることになると思います。それなのに大企業は60歳、長くても65歳で雇用契約を打ち切ります。そのときに自分には何ができるのか。この重要な点に30代、40代の時点で気付いていなければいけません。

年金が支給されるのが65歳からとして、都市部で夫婦2人で最低限の生活を維持するには、年金だけでは1人当たり月に4万円から5万円足りないと言われています（平成28年度総務省家計調査より）。

100歳まで生きる場合、年金支給が開始される65歳の時点で、最低でも3000万円の蓄えが必要なわけです。そうした事態に備えるとすると、会社員ならば30代・40代のうちから、本業以外に収益を得る方法を考えるべきです。フリーランスであれば、60代・70代になっても仕事があるように準備していくことが求められます。

70歳になっても「あなたにこの仕事をお願いします」と社会から求められ、働きがいを感じながら仕事ができるのは素敵なことです。**お客さまや社会から感謝されて働く**という世界を、日本は実現しなくてはいけないと思います。

私は、世の中の課題を解決することがイノベーションにつながると信じています。ただし、その解決方法がどんどん変わってきています。

以前は10年・20年という長い時間をかけて開発した製品をお客さまに提供することが、課題解決や幸せにつながりました。いわゆる「モノ社会」が、ずっと続いてきました。

しかし、いまではモノではなく、体験や経験を幸せに転化する「コトを消費する社会」に変わってきています。長時間かけて開発したモノを上から下に流すという商流は、もはや課題解決につながらなくなっています。

そう考えると、イノベーションは研究開発室や会議室からは起こりません。現場でお客さまと接している人たちが課題を知り、それがイノベーションの起点となります。彼らに自由と責任を与えて、すぐに実行させることによりイノベーションが実現するのです。これが、私の10年間の経験からの結論です。

上から売ってこいと言われたものをお客さまに提供するといういままでの仕事の方法から、「自分たちで売上を作ってこい」と命じられるように変わってきています。したがって、創造力を使って売上を作るというスキルが必要とされます。

ところが、会社はそのスキルを教えてくれません。自分たちでそのスキルを磨かなければいけません。

スキルを掛け算して、自分の市場価値を高める

企業の中で働いていても、フリーランスであっても、スキルには多種多様なものがあります。ただし、そのスキルが1つだけでは単価が低く、作業的な仕事にしかならず、誰もハッピーにはなれません。

では、どうすればいいのか。**スキルを掛け算していくことで、どんどん単価が上がって**

いくのです。

例えば、医療業界で営業を担当し、その後、企画部門に移った。あるいは、製造業で商品開発を担当しているけど、ＡＩの操作にも長けている。このような経験やスキルをどんどん組み合わせていくと、人材としてのレア度、ユニークさが高まっていきます。これが、その人の市場価値につながっていきます。


私の場合で言えば、マイクロソフトで働き方改革の支援に携わったわけですが、働き方改革の支援だけでは似たような経験を持つ人は山ほどいるでしょう。

しかし、５００社の働き方改革の活動内容を理解していること、二度ベンチャー企業を立ち上げたこと、ＮＴＴのような重厚長大の会社で働いたこと、PowerPoint 事業の責任者であったことなどを掛けていきます。

こうした組み合わせを経験した人は、まずいません。すると、私自身の市場価値が高まり、多様化するニーズにも対応が可能になります。

また、ネットとＡＩがつながっていくと、人の持っているスキルがアンバンドル（細分化）されて流通されるようになります。すると、多くの企業の働き方改革を支援したスキルが欲しい、PowerPointが得意で資料作成時間を短縮できるスキルが欲しいというように、個々に細分化されたスキルも流通してきます。

したがって、**自分の持ついろいろなスキルを可視化**させておけば、そのスキルを必要とするお客さまにつながる可能性が高まり、お客さまもスピード感を持って課題を解決することが可能になります。

これがいま、求められているイノベーションの1つの形だと思います。可視化されたスキルをお客さまの課題にぶつけていくというのが、従来のコンサルティングとは異なる新しい働き方だと考えています。

私は名刺に「アグリゲーター」と入れています。アグリゲーターとは、複数の企業に関わり、短期間に社内外の多様な能力（人・コト・情報）を集め、差別化された商品やサービスを短時間で作り上げるという新しい職種です。

スキルや情報、人などが細分化され、可視化したデータを私の会社で把握し、お客さまが抱える課題に対して組み合わせて提案します。これにより大手のコンサルティング会社が解決できないような課題でも、短時間で解決可能になります。これが私の会社の価値になっているのです。

会社員の方もフリーランスの方も、自分のスキルの棚卸しをしてみてください。これは絶対に必要です。

自分はいままで何を経験して、何ができるのか。それを可視化します。次に、それぞれのスキルの市場性を確認します。

市場性の確認方法は、ネットでクラウドワークスやランサー、ザビスクなどを検索して確かめれば、自分の市場価値が分かります。会社員で複業が許可されているのであれば、それにより複業を行うこともできるでしょう。

そして、自分の市場価値を高めるには、スキルを掛けていく必要があります。

もし、いまは一日中 Excel の作業をしていて、それだけではレア度が上がらないのであれば、違うスキルを学ぶ必要があります。会社の仕事は効率的に早く終えるようにして、空いた時間で10年、20年、通用するスキルを自分で磨いていくのです。

今後、単純作業的な仕事はどんどんＡＩに取って代わられます。

その流れの中でＡＩを恐れるのではなく、ＡＩを使って何ができるのかという発想の転換をしたほうが圧倒的に有利です。

例えば、週に1時間でいいのでプログラミングの勉強をしてみる。ＡＩを使ったビジネスにはどんなものがあるか、セミナーに参加して異質と触れ合うことで人脈を広げたり、人とディスカッションする機会を作る。それができれば、どんどん自分の市場価値が高まっていきます。こうしたことに気付くことができるかどうかが重要なのです。

「ＡＩが仕事を奪う」と言われていますが、実際、その方向に進んでいます。それに対して、「ＡＩに仕事を奪われる」と不安にかられている人と、「ＡＩがこれまでの仕事を代わりにやってくれるから新しい仕事ができる」と捉える人がいます。

両者の心構えは１８０度違っています。当然、仕事の成果にも大きな差が生まれます。

私はＡＩが仕事を奪っても、その人の仕事が何もなくなるとは考えていません。世の中の変化に応じて、労働時間と労働者の再配置が起こるだけです。

会社をクビになって路頭に迷うのではと心配する必要はありませんが、**変化に合わせて自分のスキルと仕事内容をどう変えていくかを考える**ことが求められます。

資本主義は、毎年成長することを求めています。会社も営利企業である以上、毎年成長することが求められます。したがって、成長（売上アップ・利益アップ）を達成できた社員は給料が上がっていきますが、成長ができない人は給料が下がっていきます。

今後、**収入が上がる人と下がる人の二極化はどんどん進んでいく**でしょう。

新しいスキルを身に付けるのは大変だから、少しくらい給料が下がってもいいやと現状を受け入れる人。せっかくのチャンスだから、新しいことにチャレンジして働きがいを持ちながら給料も上がることを楽しもうとする人。このように二極化していくかもしれません。

働きがいがあれば仕事は面白い

10年以上、働き方改革に携わってきて分かったことがあります。**働きがいのある社員を増やす。**これに尽きるのです。

働き方改革とは、単に労働時間を減らすことが目的ではありません。同時に会社の生産性を上げることも求められています。現在のビジネスに費やしている労働時間をできるだけ減らし、その結果、生まれた時間は、一部は従業員に自分の時間として返し、残りの時間は新しいビジネスを行って事業生産性を高めるということなのです。

働き方改革とは、会社が成長して、社員が幸せになることが目的です。

働きがいのある社員を増やすと、会社の利益率は確実に上がります。働きがいのある社員と働きがいのない社員で利益率、生産性、アウトプットの量などを比べると、どの調査でも働きがいのある社員のほうが20％以上、高くなっています。

つまり、働きがいのある社員が増えれば、会社の利益も確実に上がっていきます。労働時間が短くても、売上も業務効率も高いのです。しかも彼らの幸せ度も高くなっています。

わが社で支援している企業の社員16万人に「どんなときに働きがいを感じますか」と尋ねたところ、「**自由**」「**達成**」「**承認**」という結果が出ました。**働きがいのある社員はこの3つを持っています。**

承認とは、お客さまから感謝される、社内で大切だと思われていることです。達成は、売上達成や業務達成などの目的指向です。

自由は、優秀な人ほど好きな仕事を好きなときに好きなようにやりたがります。しかし、企業にいるとやりたくないこともやる必要があります。そこで、自由と責任をセットで与えると、働きがいがどんどん増えていきます。

フリーランスになると、自由の領域がすごく広がります。承認と達成と自由をフリーランスになっても感じられるような働き方をするにはどうすればいいのかを考えていったら、いまの週休3日、複業、成果主義にたどり着いたのです。

変化を楽しむ心構えを持とう

私は10年後、15年後には、もしかしたら「フリーランス」という言葉がなくなっているのではとさえ思っています。

いま現在は多くの人が企業に所属しています。会社があって、そこに従業員がいる。ここには上下関係が成り立っています。私は、この上下関係は限界に近いと考えます。我慢して会社のために働いて給料をもらうというシステムが、もはや限界にきているのです。

今後は、会社と従業員が上下ではなく、横並び、並列の関係になると思います。企業の中には雇用契約の人もいれば、フリーランスの人もいる。会議のメンバーも社員もいれば契約社員もいて、フリーランスもいる。こんな状況が一般的になります。そうなると、もしかすると大企業でしか働いたことのない人は、それがリスクになるかもしれません。いまは企業の寿命がものすごく短くなっています。明日、自分の勤める会社が倒産したり、合併でなくなる可能性もあります。そうしたときに別の会社に移れるかどうか。私は、大企業を飛び出した人のほうが変化に対応できる柔軟性を身に付けていると考えます。

いま、大企業に勤めている人もそうした可能性を頭の片隅に置いて、自分のスキルを磨いていくのが正しい姿だと思います。

会社が認めることが前提ですが、**複業は必須になる**と思います。ＡＩなどのテクノロジーが浸透し、10年後には週休3日が一般的になっていると信じています。そうなれば、大企業に勤めていても、フリーランスの人に求められるようなスキルや心構えを備えておくべき時代がやってくるでしょう。

こうした状況を厳しい時代だと受け止めるのか、新しいことにチャレンジできると考えるのかが分かれ目になります。

ただし、時代の変化を厳しいと考えるだけでは、幸せな明日はやってきません。

例えば、いまでは馬車やソロバンを使っている人はいません。ガソリンで走る車は近い将来になくなるでしょう。ガソリンスタンドに勤めている人が自分の仕事がなくなると恐れているだけでは、資本主義の経済で幸せになるのはなかなか難しいのが現実なのです。

変化を楽しむ心構えが必要になります。

「意識を変えないと行動は変わらない」と言う人がいます。しかし、私は意識が変わるのを待っていたら、あっという間に10年、20年が経ってしまうと思います。

まず、行動を変えましょう。大企業に勤めている人も、会社の仕事とは関係のないセミナーに参加してみる。あるいは、仕事とは直接関係のない本を読むだけでもいいでしょう。**何か行動を起こせば、結果として意識が変わってくる**はずです。すると、変化を楽しむ心構えもできてきます。

待っていてはいけません。止まっていることは一番のリスクなのです。そんな世の中になりました。

同じ本を読んでも、行動を起こす人と起こさない人がいます。ただし、行動を起こさない人のほうが圧倒的に多いのです。

私の講師経験から言うと、セミナーなどに参加して、そこでの学びをすぐ行動に移せる人は10％くらいしかいません。しかもその10％の人のうち、翌週も行動を継続している人は、その中の10％なのです。

二極化の理由はここにもあります。ちょっとした違いが、とても大きな差を生むのです。

失敗しても大丈夫です。失敗したことが次に生かされるはずです。まずは行動してください。

会社に勤めていてもフリーランス的な心構えを持っていれば、会社に何があろうと心配することはありません。何よりも働いていて面白いでしょう。これが重要です。

私は、働き方を変えるためフリーランスになることを目的にするのは誤りだと考えます。働き方とは、あくまでも手段なのです。目的を達成するために働き方や雇用契約を変えるのであれば、望ましいと思います。

それでは、目的とは何か。その目的が自分の中で納得できているか。それが重要になります。その目的とは、シンプルに言ってしまえば、「人は幸せになりたがっている」です。幸せになるために、仕事とプライベートのバランスをどうするか、仕事をしていく中で幸せをどう感じるかです。

何のために働くのか。この原点をもう一度、見つめてください。

クールワーカーズへの道 ⑤

海外でフリーランスは可能？

どこでも仕事ができるのであれば、海外でも仕事ができるのでしょうか。もし海外でフリーランスとして仕事が可能であれば、場所を選ばない働き方は、より選択肢が増えます。

海外にいることを生かしたフリーランスの仕事として代表的なものをピックアップしてみました。

- **ライター**　海外の情報を発信することができるライターは、重宝されます。日本では分からない現地の最新情報やニュースを記事にすることができますし、旅行情報や現地にいるからこそ分かる地元で人気のお店などを紹介することもできます。
- **カメラマン**　海外旅行が好きな人や海外在住で写真を撮影することが好きな人の中には、趣味を生かして本格的に撮影のノウハウを学び、海外で写真を撮影することで生活している人もいます。
- **翻訳**　現地の言語に通じていると、翻訳の仕事をしている人も多いようです。英語以外の言語は翻訳ができる人も少ないため、安定した収入を得ることができるようです。
- **ガイド**　日本からの旅行者向けの旅行ガイドとして活躍している海外のフリーランスもたくさんいます。あまり日本人のいない地方都市では、日本人のガイドは日本人旅行客に喜ばれます。

このように海外に住んでいて、海外の仕事をすることもできますし、海外に住みながら日本の仕事をすることもできます。

海外に興味がある人は、海外で働くことを検討してみるのも収入アップや自分のキャリアアップのためにいかがでしょうか。

おわりに

フリーランスで働こうと思っても、「契約の仕方が分からない」「税金のことが分からない」「営業の方法が分からない」など不安ばかりが募る……そのため、一歩を踏み出せないかもしれません。

そんな人は、ちょっと周りを見てみてください。

例えば、テレビに出演しているお笑いタレントたちは、事務所との契約関係で働いています。雇用関係ではなく契約関係で働いているという意味では、フリーランスと同じです。

では、お笑いタレントが営業や税金のことで頭を悩ませているでしょうか。「売れる・売れない」ということには不安を感じているかもしれませんが、営業や税金のことで不安になることはないでしょう。

なぜなら、吉本興業などの芸能事務所と契約を結ぶことで、事務所がそうした問題を解決してくれるからです。

プロ野球選手やサッカー選手などのスポーツ選手も同じです。球団や契約しているエージェントがそうした問題を解決したり、アドバイスしてくれます。

しかし、スポーツ選手や芸能人以外の契約関係で働くフリーランサーには、まだそうした環境が整っていません。そうした環境が整えば、より仕事に集中でき、より多くの収入を得ることが可能になり、よりワクワクする働き方ができるようになるはずです。

私は、お笑いの世界の吉本興業のように、フリーランサーが契約関係で働くことをサポートしたいのです。

「あそこに行けば仕事を提供してくれるし、そのほかの心配事も相談できる」

フリーランサーが、そう安心できるような場所。つまり、プラットフォームです。

専門的なスキルを持ったフリーランサーが多く集まっているプラットフォームがあれば、そのスキルを必要としている企業も集まってきます。企業はいま必要なスキルを持つ人と契約を結んで仕事をしてもらいたいのですから。

スキルを持つフリーランサーとスキルを必要とする企業、その両者の幸せなマッチングを可能とするプラットフォーム作りこそが、いまの私の目標です。

そして、それは日本を元気にすることにつながると信じています。

● 著者プロフィール

北村 貴明（きたむら・たかあき）

Ascent Business Consulting 株式会社　代表取締役

1977 年滋賀県生まれ。

関西学院大学経済学部卒業後、コンサルティング業界で外資系含め十数年経験を積み、2012 年に Ascent Business Consulting 株式会社を創業。外資コンサル時代では常にトップクラスの成績を収め、年間最優秀プロジェクト賞や社長賞など数々の賞を受賞。

現在ではコンサル事業に加えてフリーランスコンサルタントのマッチングサービスである業界特化型クラウドソーシング、コワーキングスペースや Web メディアの運営など「自由な働き方」を実現するために必要な複数の事業を展開。

■ Basis Point（ベーシスポイント）
https://basispoint.tokyo

■コンサルポータル
https://www.consulportal.com

企画協力　藤田　大輔希
編集協力　稲垣　豊
組　版　GALLAP
装　幀　華本　達哉（aozora.tv）
校　正　春田　薫

クールワーカーズ

——時間と場所に縛られず、専門性を売って稼ぐ人になる

2018年8月20日　第1刷発行
2018年9月10日　第2刷発行

著　者　北村　貴明
発行者　山中　洋二
発　行　合同フォレスト株式会社
郵便番号 101-0051
東京都千代田区神田神保町 1-44
電話 03（3291）5200　FAX 03（3294）3509
振替 00170-4-324578
ホームページ http://www.godo-shuppan.co.jp/forest
発　売　合同出版株式会社
郵便番号 101-0051
東京都千代田区神田神保町 1-44
電話 03（3294）3506　FAX 03（3294）3509
印刷・製本　株式会社 シナノ

ISBN 978-4-7726-6115-7　NDC 336　188×130